natürlich oekom!

Mit diesem Buch halten Sie ein echtes Stück Nachhaltigkeit in den Händen. Durch Ihren Kauf unterstützen Sie eine Produktion mit hohen ökologischen Ansprüchen:

- 100 % Recyclingpapier
- mineralölfreie Druckfarben
- Verzicht auf Plastikfolie
- Kompensation aller CO_2-Emissionen
- kurze Transportwege – in Deutschland gedruckt

Weitere Informationen unter www.natürlich-oekom.de und #natürlichoekom

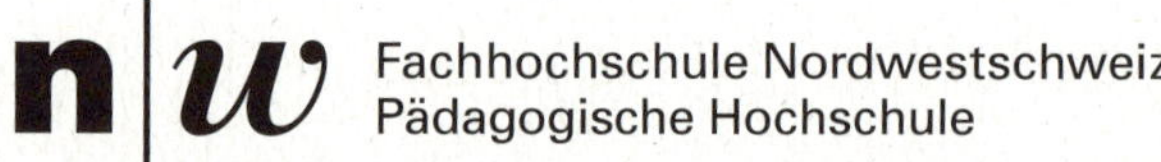

Ein Projekt der Universität Zürich in Zusammenarbeit mit der Pädagogischen Hochschule FHNW, durchgeführt am Zurich Knowledge Center for Sustainable Development mit finanzieller Unterstützung durch die Hamasil Stiftung, Zürich.

Bibliografische Information der Deutschen Nationalbibliothek:
Die Deutsche Nationalbibliothek verzeichnet diese Publikation in der Deutschen Nationalbibliografie; detaillierte bibliografische Daten sind im Internet über www.dnb.de abrufbar.

Erschienen 2024 im oekom verlag, München
oekom – Gesellschaft für ökologische Kommunikation mbH
Goethestraße 28, 80336 München
+49 89 544184-200
www.oekom.de

Layout und Satz: Markus Miller
Lektorat: Katharina Spangler
Korrektur: Elena Bruns
Umschlaggestaltung: Sarah Schneider, oekom verlag
Umschlagabbildung: © Adobe Stock / phochi
Grafiken: Jan Eichenberger
Fotos, sofern nicht anders ausgewiesen: Flurin Bertschinger
Druck: Friedrich Pustet GmbH & Co. KG, Regensburg

ISBN: 978-3-98726-117-6
E-ISBN: 978-3-98726-377-4
https://doi.org/10.14512/9783987263774

Wiktoria Furrer, René Inderbitzin, Giulia Fontana, Johannes Probst,
Leonard Creutzburg, Jeannette Behringer, Lorenz Hilty

Wege zur Suffizienz

Grundlagen und Anleitung für die Durchführung von Zukunftsworkshops

Inhaltsverzeichnis

Vorwort und Dank 7

1 Einleitung 8

2 Suffizienz als Bedingung für Zukunftsfähigkeit 11

2.1 Die Endlichkeit unseres Planeten 11

2.1.1 Überschreitung planetarer Belastungsgrenzen 14
2.1.2 Klimagerechtigkeit 20
2.1.3 Die Lebensweise des globalen Nordens ist nicht verallgemeinerbar 21

2.2 Nachhaltige Entwicklung und Nachhaltigkeitsstrategien 22

2.2.1 Effizienz, Konsistenz, Suffizienz 22
2.2.2 Begründung von Suffizienz als Nachhaltigkeitsstrategie 23
2.2.3 Suffizienz als Herausforderung 25
2.2.4 Ein Gutes Leben für alle 25

2.3 Wie kommt der Wandel in die Welt? 26

3 Lernziele und Aufbau des Workshops 30

3.1 Grobziele des Workshops 30

3.2 Phasen und detaillierte Lernziele 31

3.2.1 Kennenlernen und Einführung 31
3.2.2 Wachstum infrage stellen 31
3.2.3 Soziale Imagination 32
3.2.4 Ins Handeln kommen 32

4 Praktische Anleitung zur Durchführung des Workshops 34

4.1 Vorgesehener Rahmen 34

4.2 Der Workshop im Überblick 36

4.3 Vorbereitung des Workshops 36

4.3.1 Vorbereitende Aufgaben 36
4.3.2 Workshopmaterialien 37

4.4 Ablauf des Workshops 39

4.4.1 Kennenlernen und Einführung 39
4.4.2 Wachstum infrage stellen 40
4.4.3 Soziale Imagination 41
4.4.4 Ins Handeln kommen 46
4.4.5 Abschluss 47

5 Der Workshop im Bildungskontext: Bildung für Nachhaltige Entwicklung und Bildung für Zukünfte 49

5.1 Von Zukunft zu Zukünften 49
5.2 Bildung für Nachhaltige Entwicklung 50
5.3 Bildung für Zukünfte 51

6 Einladung zum kreativen Gebrauch 53

6.1 Bisher durchgeführte Workshops 53
6.2 Anwendung in Organisationen 54
6.3 Anwendung in der Hochschule 55
6.4 Anwendung in der Schule 56

Literaturverzeichnis 58
Autor:innen 60
Anhang: Begleitmaterialien zum Buch 61

Ablaufplan für Workshopleitende 62
Präsentation 64
Arbeitsblatt »Kompass des Guten Lebens/Ins Handeln kommen« 68
Arbeitsblatt »Ist-Situation« 69
Arbeitsblatt »Vision 2050« 70
Workshopmaterial »Titelblätter der Gesellschaftsbereiche« 71
Workshopmaterial »Werte-Schnipsel« 72
Workshopmaterial »Überschriften Stationen« 73
Alternative Variante zur Gruppenarbeit: Arbeitsblatt »Suffizienz-Roadmap« 74

Vorwort und Dank

»Niemand soll immer mehr haben wollen müssen.« Mit diesem Satz formuliert Uta von Winterfeld, Nachhaltigkeitsforscherin und Professorin für Politische Ökologie, ein »Recht auf Suffizienz« (Von Winterfeld, 2007, S. 53). Ist unsere Wirtschaft von einer ständigen Beschleunigung des Konsums tatsächlich so abhängig geworden, dass wir über ein Schutzrecht diskutieren müssen, das Individuen vor einem Zwang zur Maßlosigkeit bewahren soll? Was ist falsch gelaufen in der Entwicklung unserer westlichen Industriegesellschaften, wenn wir es uns angeblich nicht mehr leisten können, uns etwas nicht leisten zu wollen?

Die Vorstellung, dass der Fluss der produzierten und konsumierten Güter nicht unbegrenzt anschwellen kann und muss, steht im Widerspruch zu den Strukturen, die das gegenwärtige wirtschaftliche Handeln bestimmen. Deshalb setzt Nachhaltigkeitspolitik weitgehend auf Effizienz- und Konsistenzstrategien und tastet damit das beschriebene Grundproblem – den strukturellen Zwang zum materiellen Wachstum – nicht an. Hierfür wäre die Idee der *Suffizienz* als Leitbild und Bestandteil von Nachhaltigkeitspolitik notwendig. Suffizienz fragt nach dem *Rechten Maß* und nicht nach »immer mehr«. Die Grundlagen einer Suffizienzstrategie für Nachhaltige Entwicklung stellen wir in diesem Buch dar und verknüpfen sie mit einer praktischen Anleitung zur Durchführung von Zukunftsworkshops.

Das Buch ist aus dem Forschungsprojekt »Wege zur Suffizienz« entstanden, das wir an der Universität Zürich durchführen durften. Wir suchten nach Ansatzpunkten, den eigentlich naheliegenden Gedanken von Suffizienz von seinen Fesseln zu befreien, die durch die Sozialnorm der ständigen Vermehrung und die dahinter liegenden strukturellen Wachstumszwänge entstanden sind. Diese »Entfesselung« im besten Sinne des Wortes sollte im Rahmen von Workshops mit freiwilliger Teilnahme geschehen. Dabei haben wir viele Varianten des Workshopformats getestet, analysiert und das Format stetig weiter verbessert. Nun wollen wir den Workshop aus der Hand geben. Dieses Buch ist neben einer Einführung in Suffizienz als Strategie der Nachhaltigkeit vor allem auch eine praktische Anleitung zur Durchführung des Workshops.

Das Projekt und diese Publikation wären nicht möglich gewesen ohne die Mithilfe zahlreicher engagierter Menschen. Wir danken insbesondere den Mitarbeitenden des *Zurich Knowledge Center for Sustainable Development* und auch dem *Kulturpark Zürich*, die dem Projekt und seinen Veranstaltungen eine wunderbare räumliche Heimat geboten haben. Wir danken den insgesamt Hunderten von Teilnehmenden unserer »Zukunftsapéros«, die mit uns gemeinsam nach Wegen zu einer suffizienten Zukunft gesucht haben. Auch haben uns die Referent:innen dieser Veranstaltungsreihe wichtige Impulse für die Weiterentwicklung des Workshops gegeben: Wir danken Mathias Binswanger, Katja Gentinetta, Gerhard De Haan, Rafael Dernbach, Priorin Irene Gassmann, Anja Kollmuss, Cornelia Krug und Niko Paech für ihre aktive Mitwirkung. Wertvolles Feedback zum Workshopformat haben wir zusätzlich von Antje Brock, Beat Inderbitzin, Dorothea Kleine, Sandra Wilhelm und Eliane Zihlmann erhalten. Lesley Toal und Nadine Jankovic haben es uns ermöglicht, den Workshop in abgewandelter Form als Projektwoche mit einer Schulklasse durchzuführen. Marie-Louis Zucker vom Nachhaltigkeitsteam der Universität Zürich danken wir außerdem für das kritische Korrekturlesen der Manuskripte, Flurin Bertschinger für die fotografische Dokumentation der Workshops, Jan Eichenberger für die grafische Gestaltung der Materialien und dem oekom Verlag für die professionelle Betreuung der Publikation.

Und nicht zuletzt gilt unser Dank Martin Seiz und der Hamasil Stiftung, deren großzügige finanzielle Unterstützung über die letzten zwei Jahre das Projekt erst ermöglicht hat.

Zürich, im April 2024 Lorenz Hilty und Jeannette Behringer

1 Einleitung

Wie wollen wir als Gesellschaft in Zukunft leben? Wie wollen wir wohnen, arbeiten, mobil sein, uns bilden und ernähren? Welche Zukunftsvisionen leiten uns dabei? Und was folgt daraus für unser Handeln in der Gegenwart?

Die Frage, welche von vielen denkbaren Zukünften wir individuell oder gemeinsam anstreben wollen, stellt sich angesichts der fortschreitenden Zerstörung ökologischer Lebensgrundlagen immer dringender. Eine Voraussetzung für die Zukunftsfähigkeit der Gesellschaft ist, dass wir eine offene Diskussion über wünschenswerte Zukünfte führen können (siehe auch 5.1 »Von Zukunft zu Zukünften«). Sowohl die heute lebenden als auch künftige Generationen sollen über ihre Zukunft bestimmen können. Dieser Gedanke bildet den Kern der ursprünglichen Definition von Nachhaltiger Entwicklung, die als »Brundtland-Definition« bekannt geworden ist. Danach ist Nachhaltige Entwicklung »eine Entwicklung, die Bedürfnisse der Gegenwart befriedigt, ohne zu riskieren, dass künftige Generationen ihre eigenen Bedürfnisse nicht befriedigen können« (Weltkommission für Umwelt und Entwicklung, 1987, S. 46).

Das vorliegende Buch berichtet über die Ergebnisse des Projekts »Wege zur Suffizienz«, das zum Ziel hatte, das gemeinsame Reflektieren über Zukünfte mit Strategien der Nachhaltigen Entwicklung neu zu verbinden und dabei die bisher vernachlässigte Strategie der Suffizienz besonders zu beachten. Entstanden ist ein partizipatives, praktisch durchführbares Format: der Zukunftsworkshop »Wege zur Suffizienz«. Das Buch führt in die Grundlagen der Suffizienz als Nachhaltigkeitsstrategie ein und ist zugleich eine detaillierte Anleitung für alle, die diesen Workshop durchführen wollen.

Kein unbegrenztes materielles Wachstum auf einem begrenzten Planeten

Der 1972 erschienene Bericht des Club of Rome »Die Grenzen des Wachstums« hat erstmals in breiten Bevölkerungsschichten Bewusstsein dafür geschaffen, dass die Ressourcen der Erde beschränkt sind. Der Bericht macht deutlich, mit welcher Dynamik sich die menschlichen Aktivitäten auf eine Zukunft zubewegen, in der diese Grenzen überschritten werden und erhebliche Auswirkungen auf die Lebensbedingungen auf der Erde zu erwarten sind. In den letzten Jahrzehnten hat die wissenschaftliche Forschung den Zusammenhang zwischen den auf Wachstum ausgerichteten Produktions- und Konsumweisen und den zunehmenden sozial-ökologischen Krisen deutlich nachgewiesen (Wiedmann et al., 2020). Der enorme Anstieg des materiellen Konsums und des damit einhergehenden Energie- und Ressourcenverbrauchs führt zu immer weiteren Überschreitungen planetarer Belastungsgrenzen (ebd.). Diese sind heute durch neun globale Indikatoren definiert, die den aktuellen Zustand biophysikalischer Systeme und Prozesse beschreiben. Bei Überschreitung der Grenzwerte gelten die Bedingungen für menschliches Leben als gefährdet. Nach der aktuellen Erhebung sind sechs der neun planetaren Belastungsgrenzen überschritten (Richardson et al., 2023). Dabei verursacht vor allem der globale Norden diese Überschreitungen, während der globale Süden mehrheitlich von den Folgen betroffen ist.

Im Wissen, dass unbegrenztes materielles Wachstum auf einem begrenzten Planeten nicht möglich ist, ist die eingangs gestellte Frage nach möglichen und wünschenswerten Zukünften wie folgt zu präzisieren: Wie wollen wir unter Bedingungen begrenzten materiellen Wachstums in Zukunft leben? Wie wollen wir wohnen, arbeiten, mobil sein, uns bilden und ernähren, wenn wir uns der Tatsache stellen, dass wir von endlichen ökologischen Ressourcen abhängig sind?

Suffizienz und das *Gute Leben*

Einen Ansatzpunkt zur Diskussion dieser Fragen bietet die Idee der Suffizienz, die gemeinsam mit Effizienz (Verhältnis vom nutzbaren Output zum benötigten Input) und Konsistenz (Produktions- und Konsumweisen im Einklang mit ökologischen Kreisläufen), zu den drei Strategien Nachhaltiger Entwicklung zählt.

Die Idee der Suffizienz bezieht sich auf Formen des Wohlergehens, die ohne Wachstum des materiellen Ressourcenverbrauchs und Konsums auskommen. Im Gegensatz zum Streben nach »immer mehr« sucht Suffizienz nach einem »genug« oder dem *Rechten Maß*. Das Wort Suffizienz stammt vom lateinischen *sufficere* »ausreichen« ab. Als Leitbild hat Suffizienz ein *Optimum* anstelle eines *Maximums* zum Ziel (Linz, 2013). Als Strategie einer Nachhaltigen Entwicklung bezieht sich Suffizienz heute insbesondere auf die Reduktion des Energie- und Ressourcenverbrauchs auf globaler Ebene in absoluten Zahlen, die mit einer ressourcenschonenden Lebens- und Wirtschaftsweise erreicht werden soll.

Mit dem *Rechten Maß* ist die Frage nach dem *Guten Leben* verknüpft, die die Menschen seit Jahrhunderten umtreibt. Die gegenwärtige Dynamik der vielfältigen Krisen, Diskontinuitäten und Umbrüche fordert uns heraus, die Frage nach dem *Guten Leben* aufs Neue zu stellen und nach gültigen Antworten zu suchen. Auf diese Weise entsteht ein wertebasierter Rahmen für die Gestaltung von Zukünften, der jeder Entscheidung in der Gegenwart einen notwendigen Bezugspunkt gibt (Welzer, 2011, S. 41).

Suffizienz als Bedingung von Zukunftsfähigkeit

Trotz der großen Dringlichkeit für Suffizienz-Maßnahmen dominieren in den politischen Programmen für Nachhaltige Entwicklung Effizienz- und Konsistenz-Strategien (Behringer, 2022). Im Vergleich zu ihnen ist Suffizienz im gesellschaftlichen Diskurs stark vernachlässigt. Dafür gibt es Gründe: Suffizienz ist als Nachhaltigkeitsstrategie weit weniger anschlussfähig an die Steigerungslogik des Wirtschaftssystems. Effizienz sorgt dafür, dass wir mehr aus weniger herstellen können, und führt in der Regel dazu, dass die dadurch eingesparten Ressourcen durch weiteres Wachstum verbraucht werden. Auch Konsistenz lässt sich mit der Idee eines stetigen Wirtschaftswachstums verbinden. Suffizienz jedoch stellt das Leitbild des endlosen Wachstums, das zu einer Art Dogma geworden ist, grundsätzlich infrage. Suffizienz ist somit eine notwendige Ergänzung der bisher favorisierten Konsistenz- und Effizienzstrategien im Übergang zu einer Nachhaltigen Entwicklung. Mehr noch ist Suffizienz eine Bedingung der Zukunftsfähigkeit (Linz et al., 2002). In diesem Sinne wird Suffizienz auch als »Richtungskonstante« bezeichnet (Linz, 2012), die die Effizienz- und Konsistenzstrategien auf zukunftsfähigem Kurs hält.

Eine konstruktive Diskussion über Suffizienz und Zukünfte benötigt Bildungsräume, in denen Wachstum kritisch reflektiert wird. Zwar ist den letzten Jahrzehnten das Konzept der Bildung für Nachhaltige Entwicklung (BNE) entstanden, das Menschen zu zukunftsfähigem Denken und Handeln befähigen soll, doch auch hier zeigt sich, dass Suffizienz bisher vernachlässigt wird (Schild et al., 2020).

Zukunftsworkshop »Wege zur Suffizienz«

Der hier vorgestellte Zukunftsworkshop »Wege zur Suffizienz« soll diese Lücke füllen und das Bewusstsein für die Idee der Suffizienz in der Gesellschaft stärken. Er soll Menschen befähigen, sich konstruktiv und offen über Zukünfte unter Bedingungen begrenzten materiellen Wachstums auszutauschen und diese gemeinsam zu gestalten. Mit dem Workshop möchten wir die Auseinandersetzung mit Suffizienz als einer *richtungsweisenden Nachhaltigkeitsstrategie* fördern. Das Format öffnet einen Raum für die kritische Reflexion von

Wachstum und die soziale Imagination von Zukünften. Ausgangspunkt dafür sind die aktuellen Lebenssituationen der Teilnehmenden, ihre eigenen Präferenzen und ihre Vorstellungen vom *Guten Leben.*

Der Begriff »Zukünfte« im Plural, wie wir ihn hier im Anschluss an die neuere Zukunftsforschung verwenden, macht bewusst, dass es nicht die eine notwendige, also zwangsläufig eintretende Zukunft gibt, sondern vielfältige Zukunftsszenarien (Kosow & Gaßner, 2008, S. 12). Der Plural unterstreicht die prinzipielle Offenheit und Gestaltbarkeit der Entwicklung. Der Ausdruck »Zukünfte« verweist somit auf die Gestaltungs- und Handlungsmacht der Menschen, zukünftige Entwicklungen individuell wie gesellschaftlich mitzuprägen.

Einladung zur Durchführung

Die vorliegende Praxisanleitung soll dazu einladen, den Workshop in vielfältigen Kontexten und mit Menschen verschiedener Altersgruppen, Bildungs- und Berufshintergründe und Milieus durchzuführen. Grundsätzlich kann jede interessierte Person den Workshop durchführen, wobei Moderationserfahrung von Vorteil ist. Die vorliegende Publikation ermöglicht es, sich das notwendige themenspezifische Wissen und das methodische Know-how für die praktische Durchführung anzueignen.

Zu potenziellen Moderator:innen gehören unter anderem:

- Lehrpersonen
- Dozent:innen an Hochschulen
- Erwachsenenbildner:innen
- Kursleiter:innen
- Politische Bildungsfachleute
- Kulturvermittler:innen und Museumspädagog:innen
- Mitarbeiter:innen von Institutionen, Firmen, NGOs
- Vereinsmitglieder und freiwillig Engagierte
- weitere Bildungsmultiplikator:innen im deutschsprachigen Raum

Das Projekt »Wege zur Suffizienz«

Das in diesem Buch beschriebene Workshopformat entstand im interdisziplinären Forschungsprojekt »Wege zur Suffizienz« an der Universität Zürich unter der Leitung von Prof. Dr. Lorenz Hilty und Dr. Jeannette Behringer im Zeitraum Juni 2022 bis Juli 2024. Das Projekt wurde am Zurich Knowledge Center for Sustainable Development (ZKSD), einer Kooperation mehrerer Hochschulen im Raum Zürich, angegliedert. Ab September 2023 war die Pädagogische Hochschule FHNW als Praxispartnerin beteiligt. Zum Projektteam gehören die Autor:innen der vorliegenden Publikation.

Das Projekt wurde von der Hamasil Stiftung, Zürich, finanziell gefördert.

Zielgruppen

Der Workshop eignet sich für Jugendliche ab 15 Jahren, junge Erwachsene und Erwachsene, die sich auf das Thema Suffizienz und Zukünfte einlassen möchten. Vorwissen über Suffizienz und Nachhaltigkeit wird nicht vorausgesetzt. Der Workshop kann sowohl in formalen Bildungskontexten (z. B. Schule, Universität oder Fachhochschule) wie auch als Format außerschulischer Bildung (auch als *non-formale Bildung* bezeichnet) in Firmen, Vereinen oder im privaten Rahmen durchgeführt werden.

Zu potenziellen Teilnehmenden gehören unter anderem:

- Interessierte Bürger:innen
- Schüler:innen
- Studierende
- Auszubildende in Betrieben und Institutionen
- Teilnehmende an Aus- und Weiterbildungsangeboten, Kursteilnehmende
- Mitarbeitende von Institutionen, Firmen und NGOs
- Vereinsmitglieder und freiwillig Engagierte

2 Suffizienz als Bedingung für Zukunftsfähigkeit

Im Folgenden beschreiben wir die Zusammenhänge zwischen Wirtschaftswachstum und sozial-ökologischen Krisen sowie das Leitbild Nachhaltiger Entwicklung und erläutern, wieso die Nachhaltigkeitsstrategie der Suffizienz für Zukunftsfähigkeit unverzichtbar ist. Die hier vermittelten Fakten sind die inhaltliche Grundlage für die Durchführung des Workshops, insbesondere der darin enthaltenen Inputs, in welchen die Workshopleitung den Teilnehmenden diese Zusammenhänge vermittelt. Eine detaillierte Beschreibung der einzelnen Workshopteile findet sich in Kapitel 4 »Praktische Anleitung zur Durchführung des Workshops«.

2.1 Die Endlichkeit unseres Planeten

Ein endloses Wachstum auf einem endlichen Planeten ist unmöglich. Was zunächst wie eine Binsenweisheit klingt, entpuppt sich bei näherer Betrachtung als grundlegendes Problem unserer gegenwärtigen Lebens- und Wirtschaftsweise und wirft komplexe Fragen über unser zukünftiges Zusammenleben und die Deckung der Grundbedürfnisse aller Menschen auf. Dass menschliche Aktivitäten erhebliche Auswirkungen auf die Lebensbedingungen auf der Erde haben, ist seit vielen Jahrzehnten bekannt. Insbesondere der Bericht »Die Grenzen des Wachstums« des Club of Rome von 1972 hat einer breiten Öffentlichkeit bewusst gemacht, wie menschliche Aktivitäten zu einer Überschreitung der ökologischen Tragfähigkeit der Erde führen (Meadows et al., 1972). Seit den 1950er-Jahren haben sich menschliche Aktivitäten in einem zuvor nie dagewesenen Maße beschleunigt (Steffen et al., 2015). Dies zeigen sozio-ökonomische Indikatoren wie das Bruttoinlandprodukt, der globale Energieverbrauch oder der internationale Tourismus (Abb. 2).

Abb. 1: Das als »Blue Marble« (»Blaue Murmel«) bekannt gewordene Foto des Planeten Erde aus dem Jahr 1972 machte die Begrenztheit unseres Lebensraums bewusst.

Quelle: NASA (2007)

Sozio-ökonomische Trends

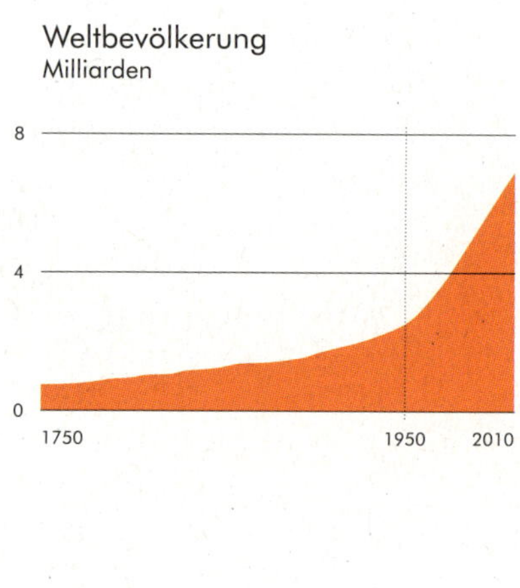

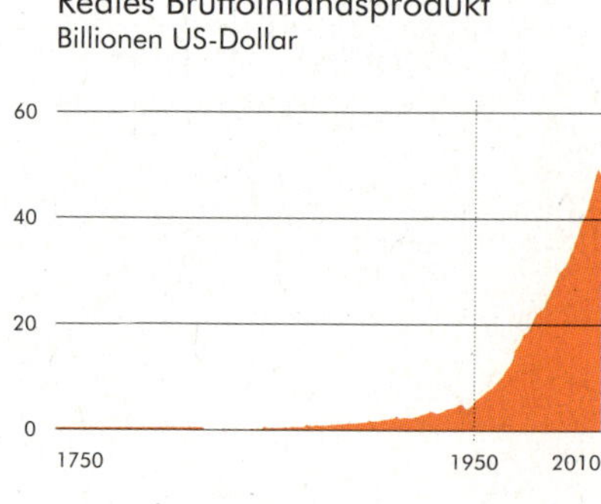

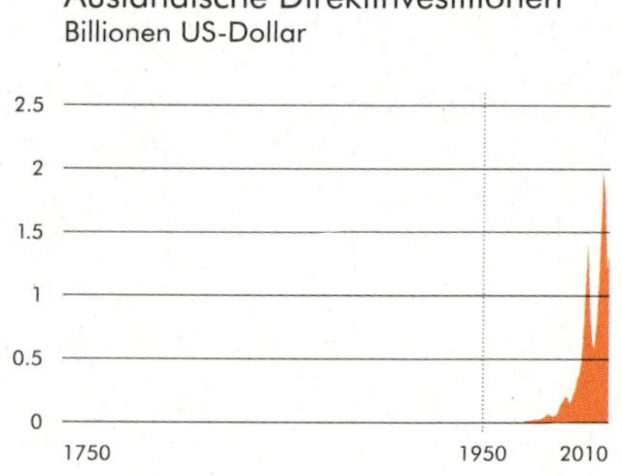

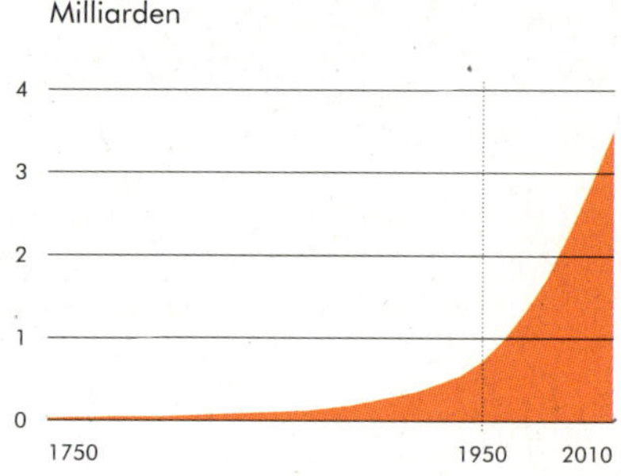

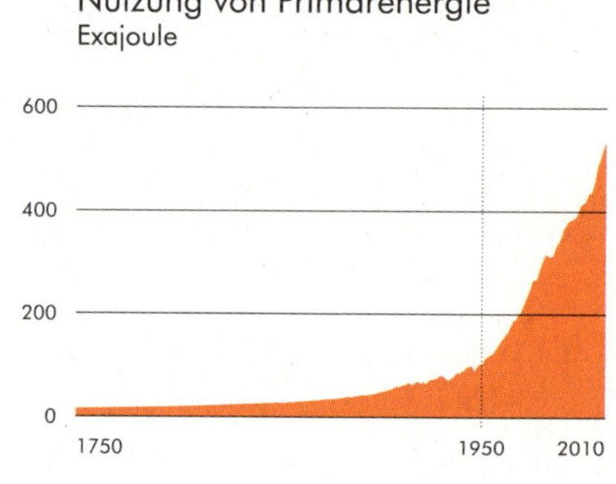

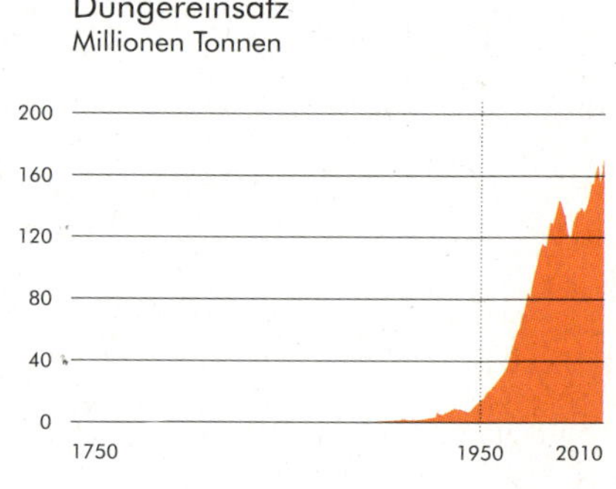

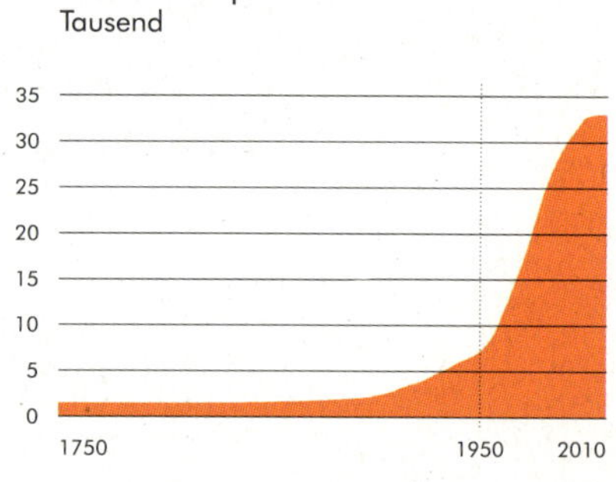

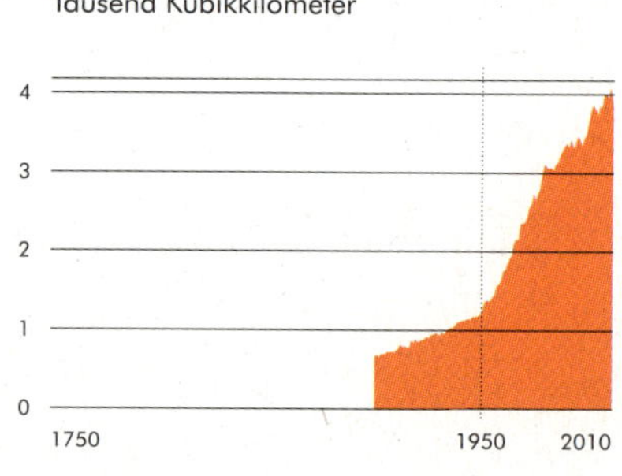

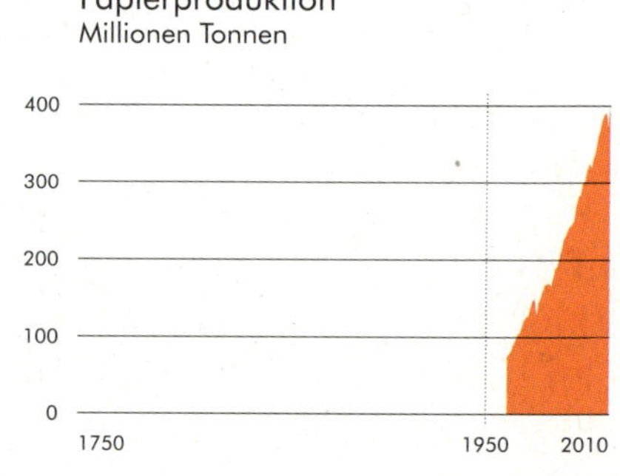

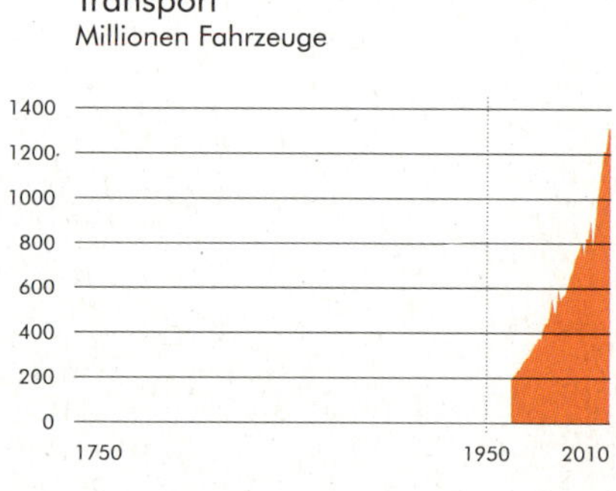

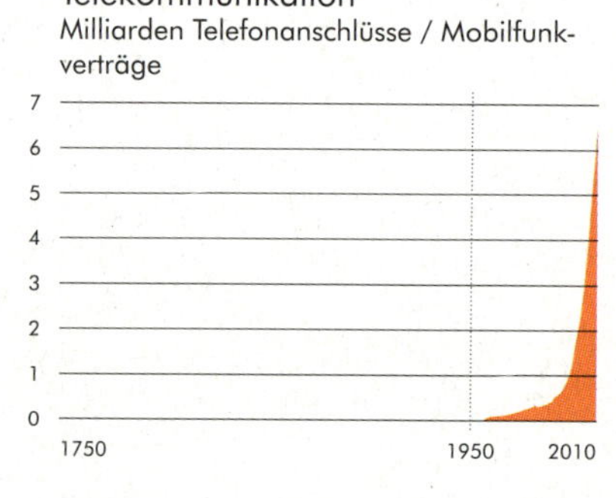

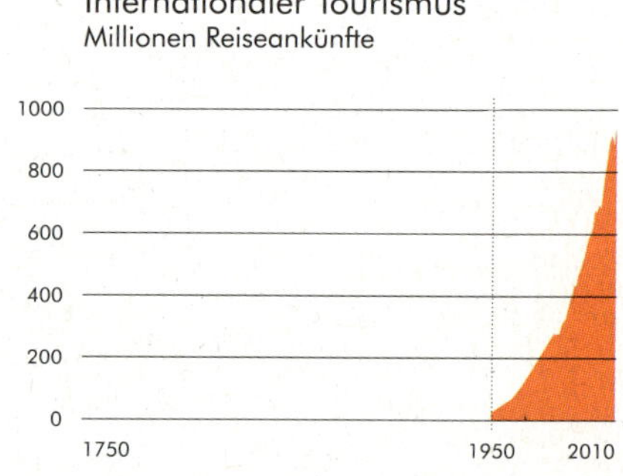

Abb. 2: Die »Große Beschleunigung« sozio-ökonomischer Prozesse
Quelle: eigene Übersetzung und Darstellung angelehnt an Steffen et al. (2015)

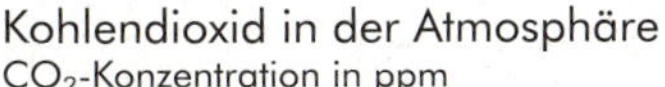

Erdsystem-Trends

Kohlendioxid in der Atmosphäre
CO_2-Konzentration in ppm

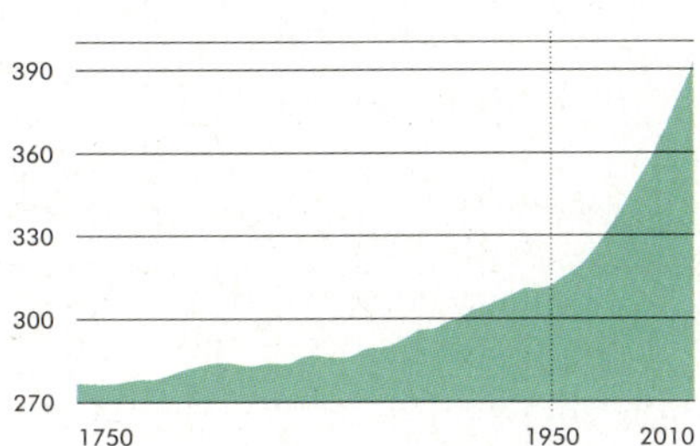

Lachgas in der Atmosphäre
N_2O-Konzentration in ppb

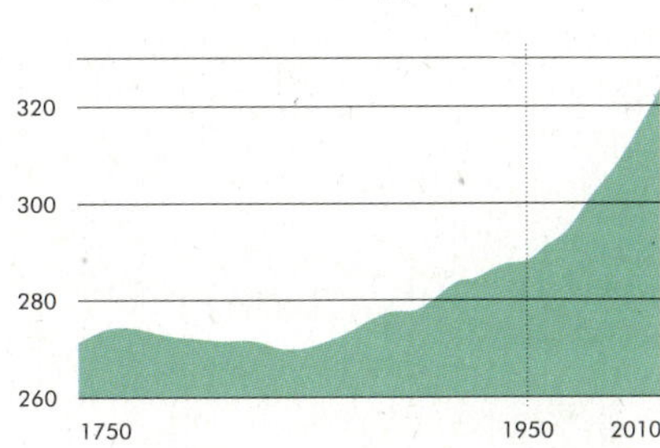

Methan in der Atmosphäre
CH_4-Konzentration in ppb

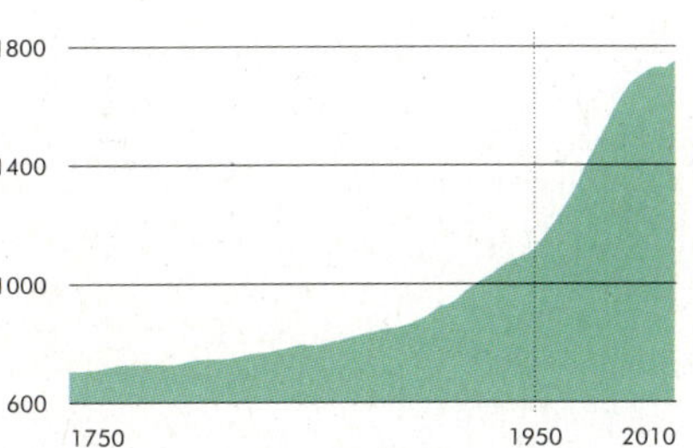

Abbau der Ozonschicht
O_3-Verlust in Prozent

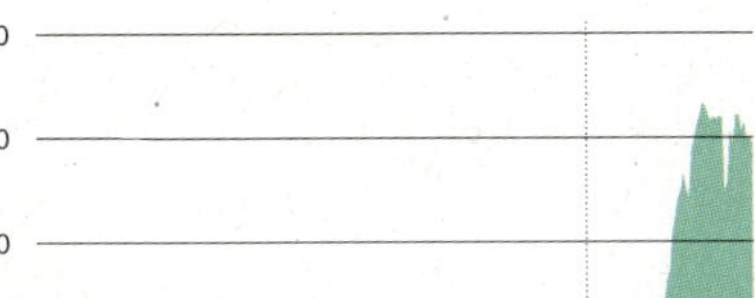

Oberflächentemperatur
Globale Anomalie in °C

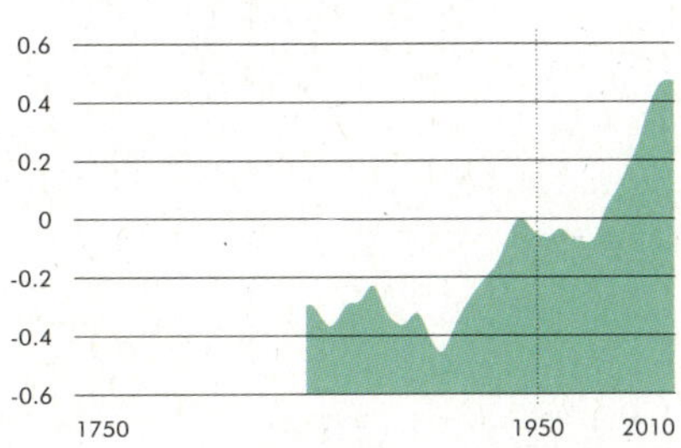

Ozeanversauerung
Wasserstoffionen in nmol/kg

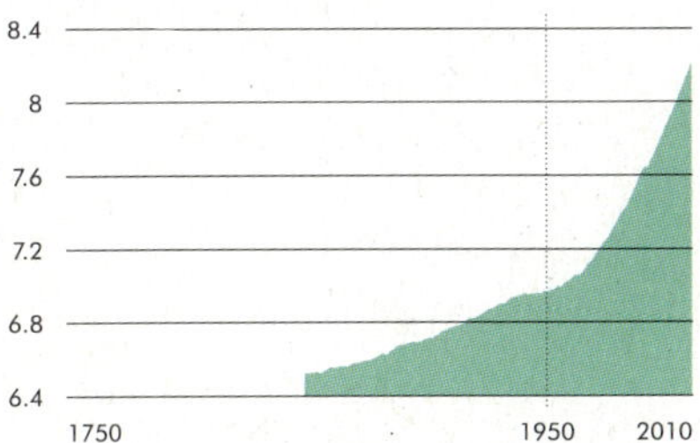

Mariner Fischfang
Millionen Tonnen

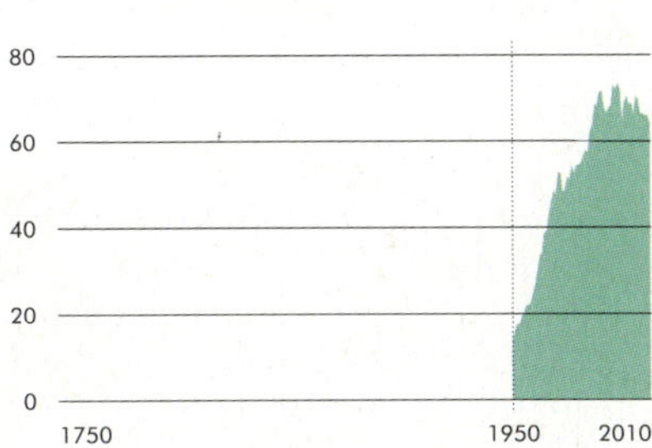

Garnelenzucht
Millionen Tonnen

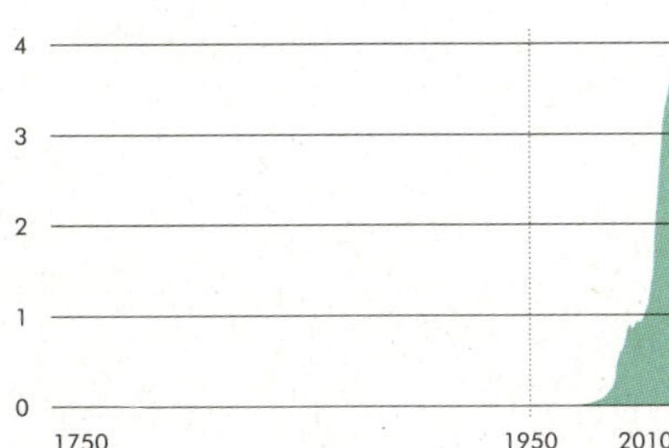

Stickstoff in Küstenzonen
Megatonnen

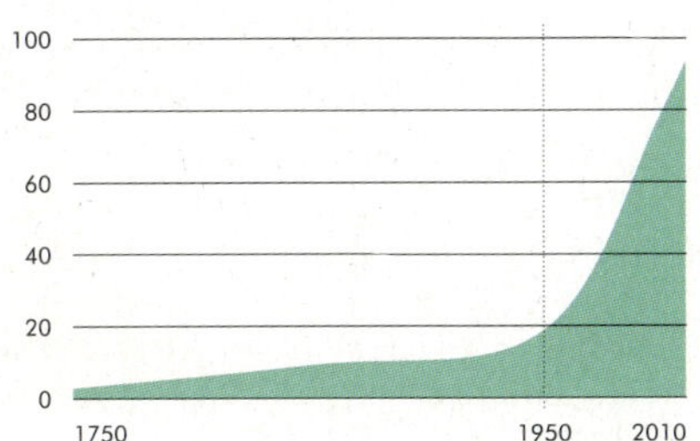

Verlust von Tropenwald
im Vergleich zum Jahr 1750 in Prozent

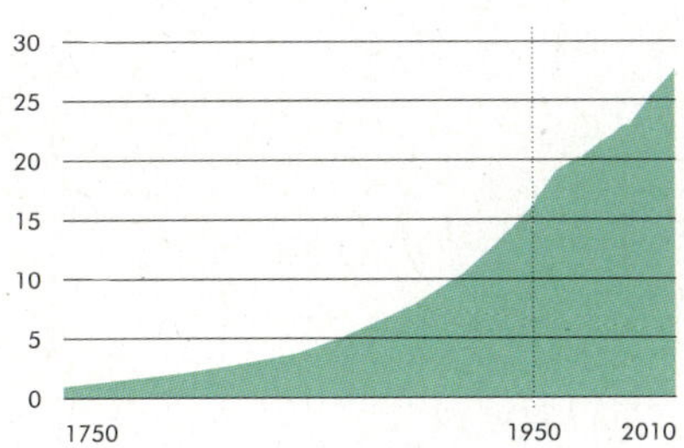

Domestiziertes Land
Prozentualer Anteil der gesamten Landfläche

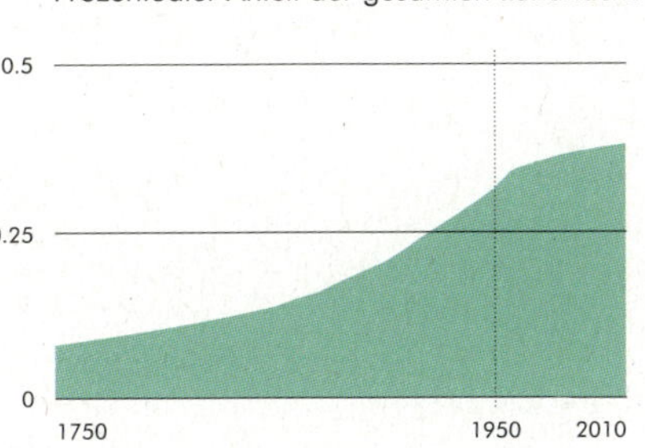

Verlust der Artenvielfalt
Rückgang der Artenvielfalt an Land in Prozent

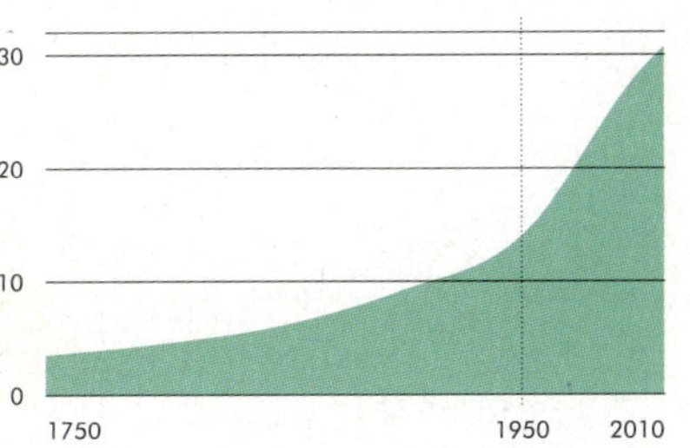

Abb. 3: Die »Große Beschleunigung«, Veränderungen des Erdsystems

Quelle: eigene Übersetzung und Darstellung angelehnt an Steffen et al. (2015)

Dieser rasante Anstieg menschlicher Aktivitäten bleibt nicht folgenlos, sondern wirkt sich in vielfacher Weise auf die Umwelt aus. Dies zeigen Indikatoren, die den Einfluss menschlicher Handlungen auf das Erdsystem anzeigen (Abb. 3). Dazu zählen beispielsweise die Konzentration verschiedener Treibhausgase in der Atmosphäre, die globale Durchschnittstemperatur oder der Verlust von Artenvielfalt. Aufgrund der immer schnelleren Zunahme der meisten Indikatoren in beiden Fällen spricht man von der »Großen Beschleunigung«.

2.1.1 Überschreitung planetarer Belastungsgrenzen

Diese Veränderungen im Erdsystem wirken zurück auf das menschliche Leben. Für neun biophysikalische Systeme und Prozesse wurden Grenzwerte definiert, bei deren Einhaltung die Menschheit sich in einem »sicheren Handlungsraum« bewegt. Umgekehrt bedeutet dies, dass die Überschreitung dieser »planetaren Belastungsgrenzen« das Risiko erhöht, dass sich die Voraussetzungen für menschliches Leben auf dem Planeten entscheidend verschlechtern.

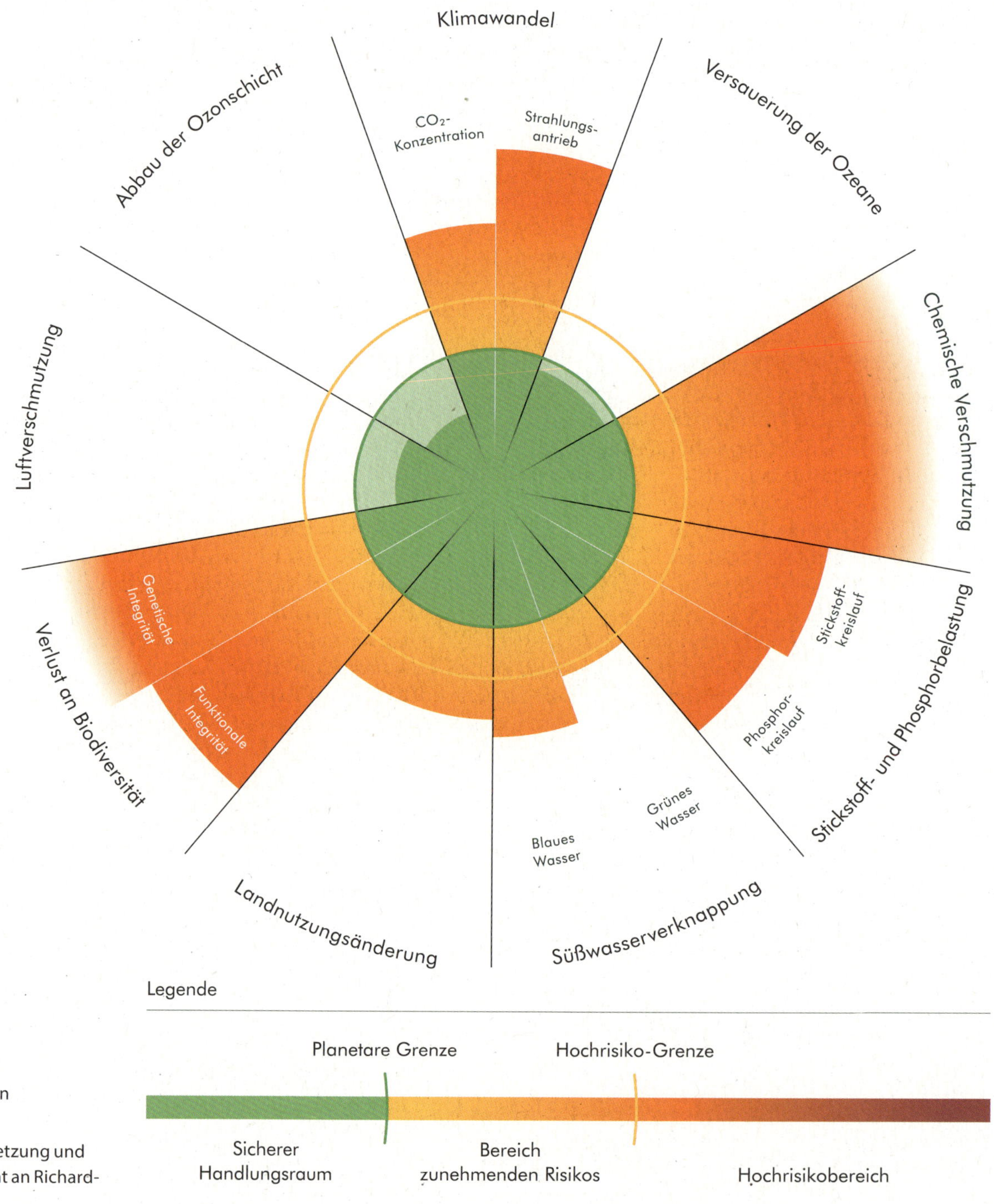

Abb. 4: Die planetaren Belastungsgrenzen

Quelle: eigene Übersetzung und Darstellung angelehnt an Richardson et al. (2023)

Für die neun Systeme werden in der grafischen Darstellung drei Stufen unterschieden, der genannte »sichere Handlungsraum« (grün), der »Bereich zunehmenden Risikos« (orange) und der »Hochrisikobereich« (rot). Letzterer ist dadurch charakterisiert, dass es verlässliche wissenschaftliche Belege gibt, dass mit hoher Wahrscheinlichkeit eine unumkehrbare Schädigung des jeweiligen Systems eintritt. Die spürbaren Folgen können verzögert eintreten. Nach der aktuellen Erhebung sind sechs der neun planetaren Belastungsgrenzen überschritten (Abb. 4) (Richardson et al., 2023).

Tab. 1: Details zu den planetaren Belastungsgrenzen (Richardson et al., 2023)

Biophysikalisches System / Prozess	Indikator	Ursachen	Folgen	Stufe
Chemische Verschmutzung	Synthetische Chemikalien in der Umwelt	Mikroplastik, Atommüll, Pestizide	Genetische Veränderung von Organismen, Gesundheitsschäden, Störung der Funktionsfähigkeit von Ökosystemen	Hochrisikobereich
Klimawandel	CO_2-Konzentration in der Atmosphäre; Strahlungsantrieb	Ausstoß von Treibhausgasen; Veränderung der Oberflächenalbedo	Erhöhung der globalen Durchschnittstemperatur, Zunahme von Extremwetterereignissen, Gesundheitsschäden, Störung der Funktionsfähigkeit von Ökosystemen	Hochrisikobereich
Verlust an Biodiversität	Genetische Vielfalt der Arten, die für Ökosysteme verfügbare Energie	Verlust und Fragmentierung von Lebensräumen durch Landnutzungsänderungen und Landwirtschaft; Übernutzung von Arten durch Fischerei, Wilderei und Jagd; Verbreitung von invasiven Arten	Biodiversitätsverlust: Verlust von Lebensräumen, Arten und genetischer Vielfalt	Hochrisikobereich
Landnutzungsänderung	Bewaldete Fläche	Abholzung von Wäldern; Landnutzungsänderungen; Brände	Verlust von Lebensräumen, Rückgang der Artenvielfalt, Verlust von CO_2-Senken	Bereich zunehmenden Risikos
Süßwasserverknappung	Sauberkeit von Oberflächen- und Grundwasser (»Blaues Wasser«) und Wasser in Pflanzen, im Boden (»Grünes Wasser«)	Eingriffe in den Wasserhaushalt: Bau von Staudämmen, großflächige Bewässerung, globale Erwärmung	Erhöhte Häufigkeit von Trockenheit und Feuchtigkeit je nach Region, Störung der Funktionsfähigkeit von Ökosystemen	Bereich zunehmenden Risikos
Stickstoff- und Phosphorbelastung	Phosphat-Fluss aus Süßwassersystemen in die Ozeane; Phosphat-Fluss von Düngemitteln in erodierbare Böden; industrielle Fixierung von Stickstoff	Übermäßige Nutzung von Düngemittel	Eutrophierung von Gewässern, Störung der Funktionsfähigkeit von Ökosystemen	Hochrisikobereich
Versauerung der Ozeane	Karbonat-Ionen-Konzentration	Aufnahme von CO_2 durch die Ozeane	Schäden an Korallen; Verlust von Korallenriffen als wichtige Lebensräume für eine Vielzahl von Lebewesen, Bedrohung der Artenvielfalt	Sicherer Handlungsraum
Luftverschmutzung	Aerosol-optische Dicke der Atmosphäre	Beeinflussung durch zunehmende menschenverursachte Aerosolbelastung für verschiedene Erdsysteme z. B. durch Feinstaub; starke regionale Unterschiede,	Beeinflussung lokaler Klimata; Verringerte Luftqualität, Gesundheitsschäden	Sicherer Handlungsraum
Abbau der Ozonschicht	Ozon-Konzentration in der Stratosphäre	Abbau von Ozon durch Halogenkohlenwasserstoffe	Verlust des Schutzes durch die Ozonschicht vor UV-Strahlung, Ernteverluste, Gesundheitsschäden	Sicherer Handlungsraum

Wirtschaften als Gratwanderung – Das Donut-Modell der Ökonomie

Während einerseits die planetaren Belastungsgrenzen überschritten werden und die Stabilität des Ökosystems gefährdet ist, sind andererseits gesellschaftliche Grundbedürfnisse wie Nahrung, Wohnraum und soziale Gerechtigkeit weltweit nicht ausreichend gedeckt (Abb. 6). Wir befinden uns also nicht im »sicheren und gerechten Raum für die Menschheit«, wie es die Ökonomin Kate Raworth ausdrückt (Raworth, 2017). In ihrem wegen seiner Form als »Doughnut Economics« bekannt gewordenen Modell bilden die planetaren Belastungsgrenzen eine äußere Grenze für menschliche Aktivitäten, die Deckung der menschlichen Grundbedürfnisse eine innere Grenze (Abb. 5). Die Wirtschaftsweise, also die Lebens- und Produktionsweise, muss das Ziel anstreben, sich im schmalen Raum dazwischen zu bewegen (dem »Donut«), sodass weder die Grenzen für die Erfüllung menschlicher Grundbedürfnisse unterschritten werden (Defizit) noch die planetaren Grenzen überschritten werden (Überlastung).

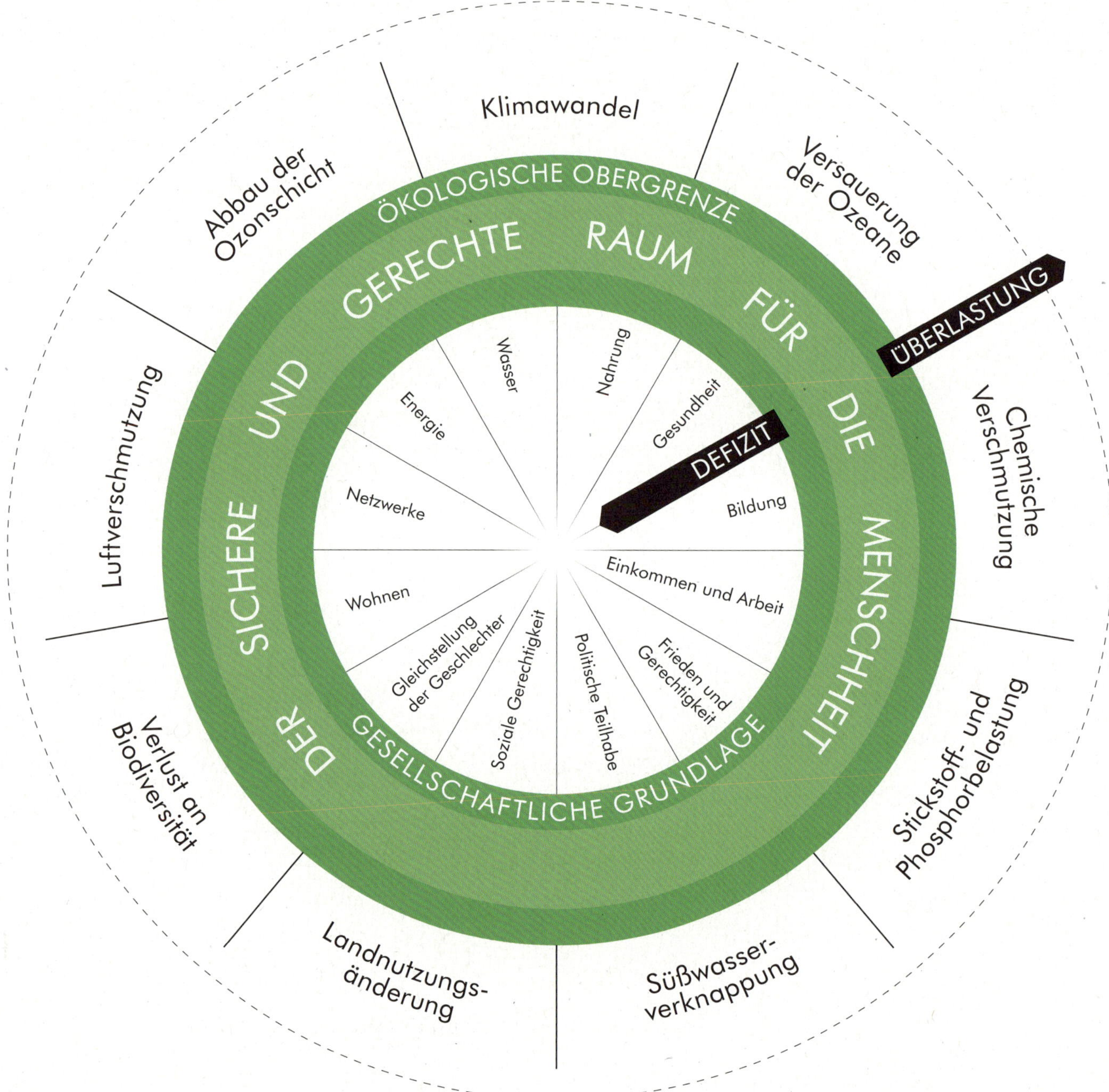

Abb. 5: Das Donut-Modell der Ökonomie
Quelle: eigene Übersetzung und Darstellung angelehnt an Kate Raworth und Christian Guthier CC-BY-SA 4.0 (Raworth, 2017)

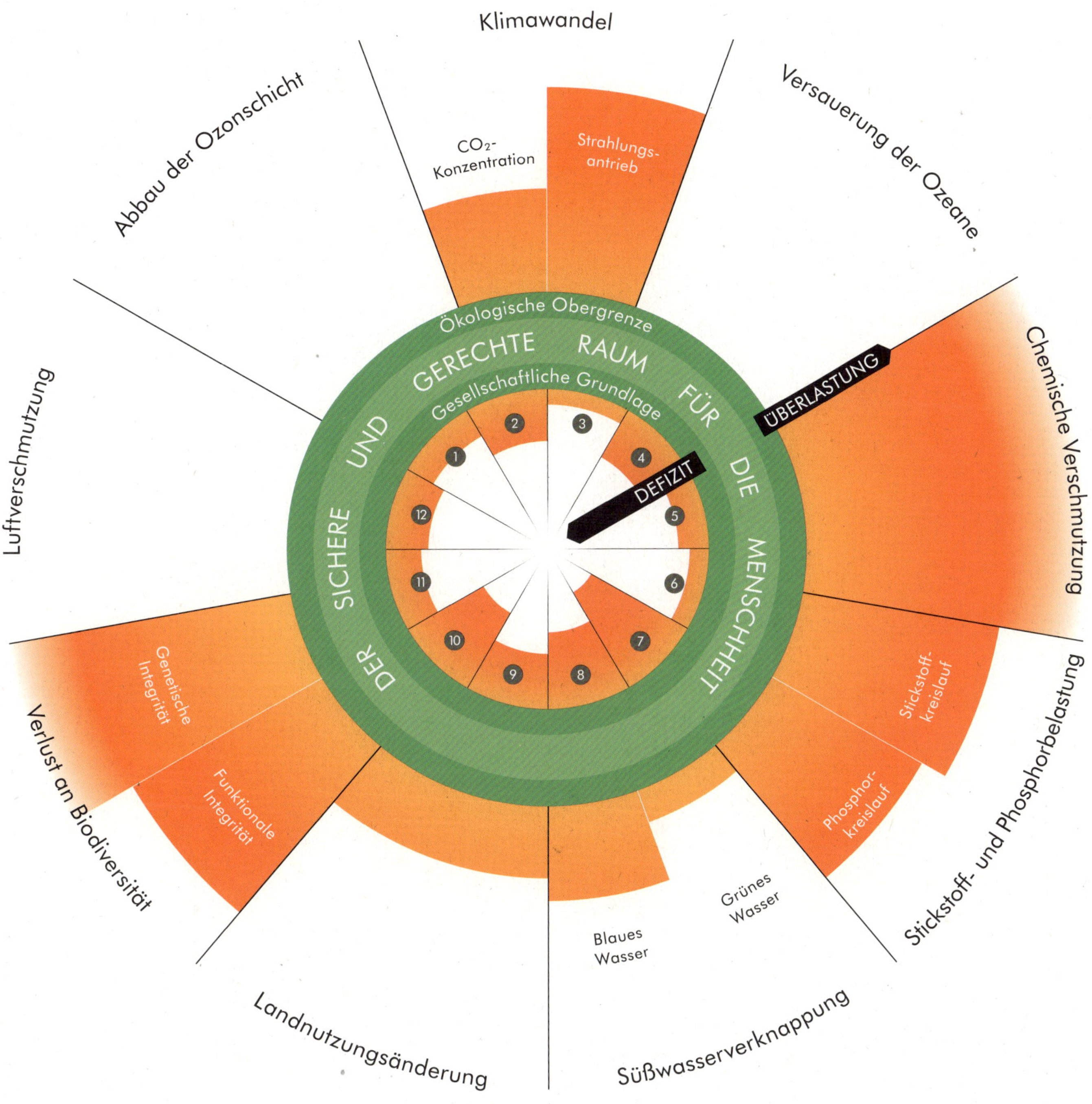

Legende

1. Energie
2. Wasser
3. Nahrung
4. Gesundheit
5. Bildung
6. Einkommen & Arbeit
7. Frieden & Gerechtigkeit
8. Politische Teilhabe
9. Soziale Gerechtigkeit
10. Geschlechtergleichstellung
11. Wohnen
12. Netzwerke

Abb. 6: Das Donut-Modell mit globalen Werten zu ökologischen Obergrenzen und gesellschaftlichen Grundlagen

Quelle: eigene Übersetzung und Darstellung angelehnt an Kate Raworth und Christian Guthier CC-BY-SA 4.0 (Raworth, 2017; Richardson et al., 2023)

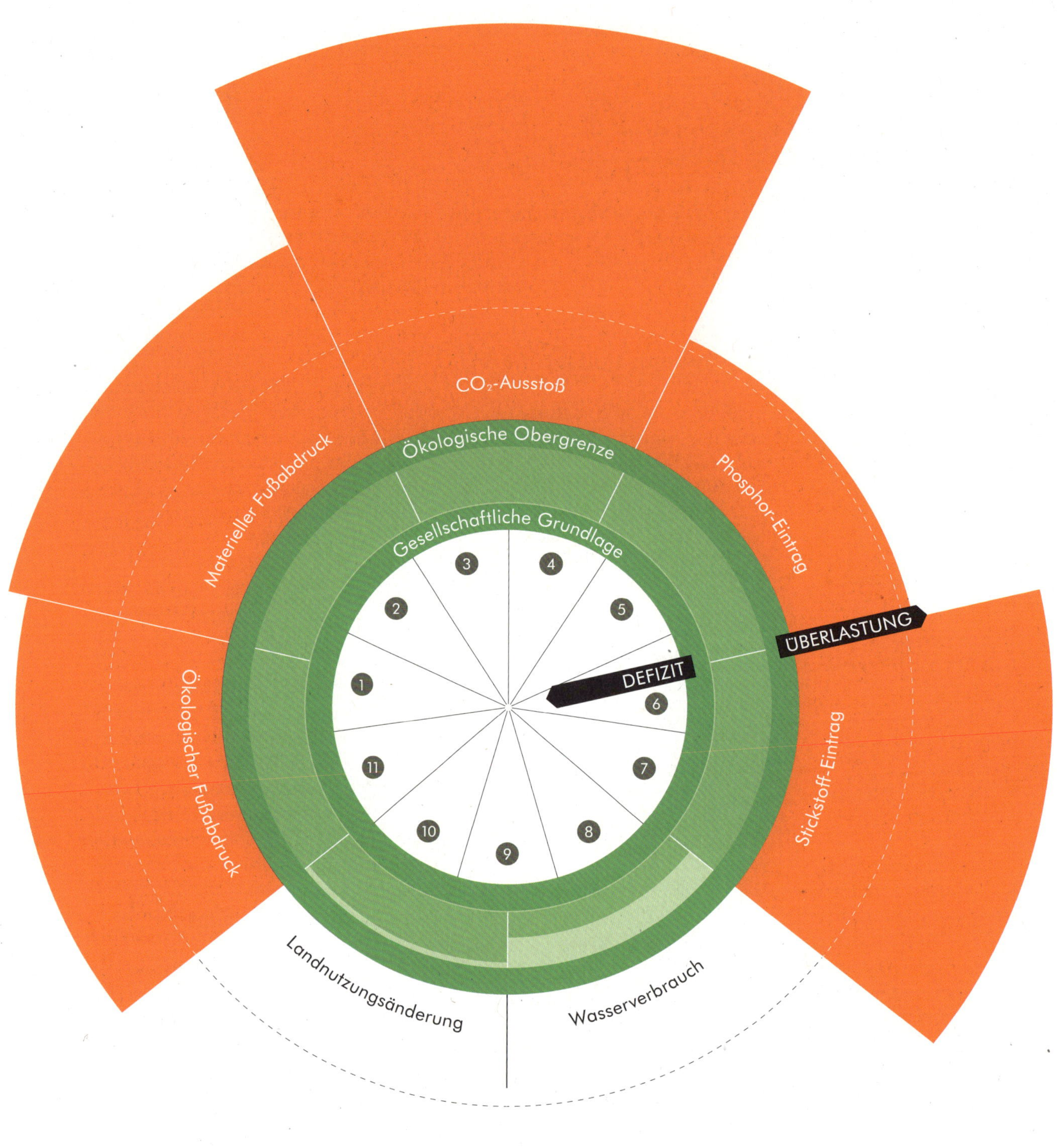

Legende

1. Lebenszufriedenheit
2. Lebenserwartung
3. Ernährungssicherheit
4. Zugang zu Sanitäranlagen
5. Einkommenssicherheit
6. Zugang zu Energie
7. Zugang zu Bildung
8. Soziale Unterstützung
9. Demokratiequalität
10. Einkommensgerechtigkeit
11. Erwerbstätigkeit

Abb. 7: Das Donut-Modell für Deutschland

Quelle: eigene Übersetzung und Darstellung angelehnt an Fanning et al. (2021) und O'Neill et al. (2018)

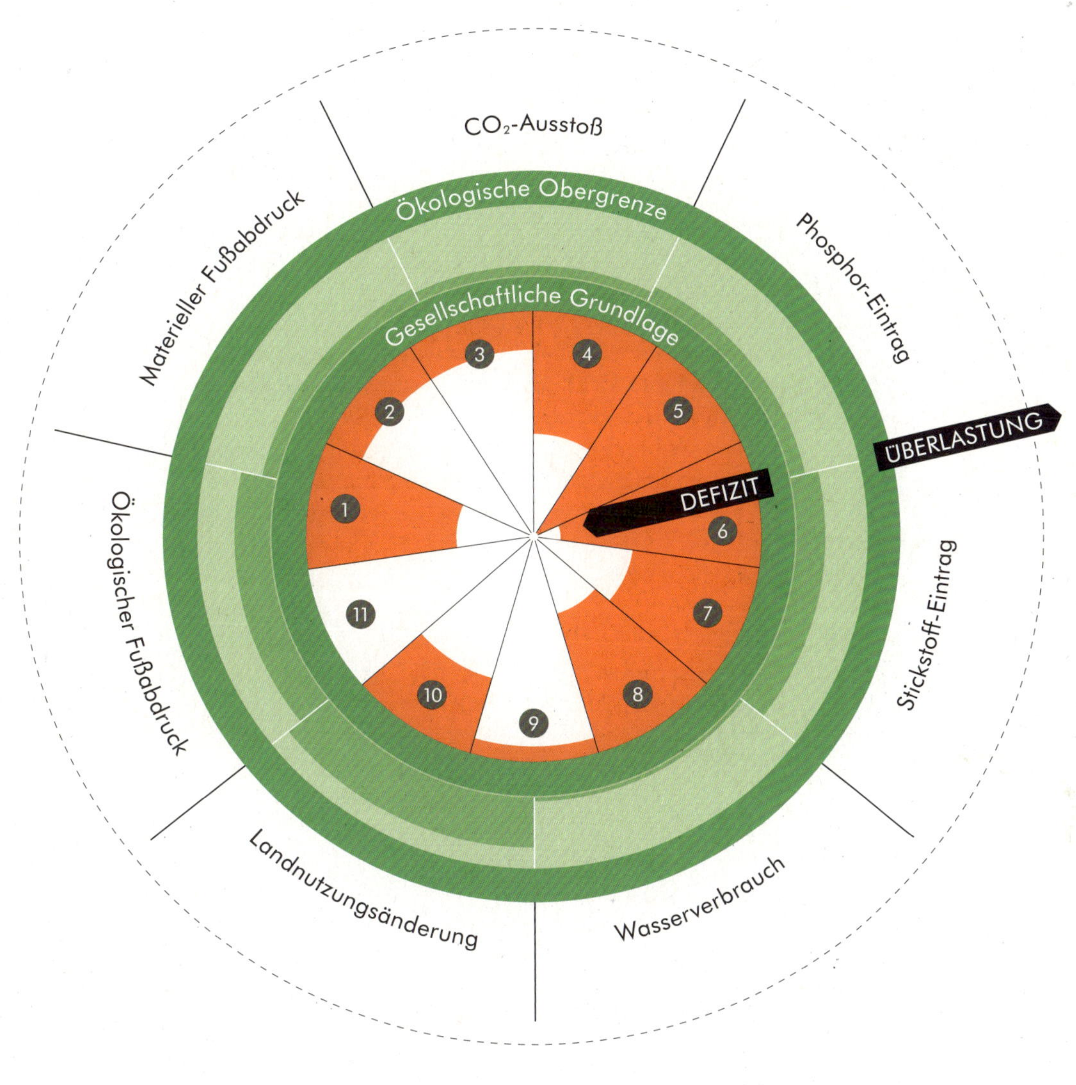

Malawi

Legende

1. Lebenszufriedenheit
2. Lebenserwartung
3. Ernährungssicherheit
4. Zugang zu Sanitäranlagen
5. Einkommenssicherheit
6. Zugang zu Energie
7. Zugang zu Bildung
8. Soziale Unterstützung
9. Demokratiequalität
10. Einkommensgerechtigkeit
11. Erwerbstätigkeit

Abb. 8: Das Donut-Modell für Malawi

Quelle: eigene Übersetzung und Darstellung angelehnt an Fanning et al. (2021) und O'Neill et al. (2018)

Dieses Modell lässt sich auch auf die Situation einzelner Länder anwenden, wobei nach außen dann jeweils der *Beitrag* des Landes zur globalen Umweltbelastung, nach innen die *soziale Situation* im jeweiligen Land dargestellt wird. Die Abbildungen 7 und 8 zeigen dies für die Beispiele Deutschland und Malawi. Die Indikatoren für die Überschreitung ökologischer Grenzen werden angepasst, weil sie anders als die planetaren Belastungsgrenzen hier nicht den globalen Zustand, sondern die länderspezifischen Beiträge beschreiben (O'Neill et al., 2018).

Der beispielhafte Vergleich zwischen Deutschland und Malawi zeigt: Während in Deutschland alle sozialen Grundlagen vorhanden, aber die meisten ökologischen Grenzwerte überschritten sind, zeigt Malawi das andere Extrem: Keiner der ökologischen Grenzwerte wird dort überschritten, aber auch keiner der sozialen Mindeststandards erreicht (Fanning et al., 2021; University of Leeds, 2024). Beide Szenarien sind problematisch und bedürfen unterschiedlicher Lösungsstrategien.

Umweltgerechtigkeit

Ökologische Krisen haben soziale Auswirkungen. In welchem Ausmaß Menschen von den Folgen der Umweltbelastung betroffen sind, ist abhängig von ihrer sozialen Stellung. Dies gilt sowohl in einem lokalen wie auch im globalen Maßstab.

Auf lokaler Ebene zeigen sich etwa unterschiedliche Gesundheitsbelastungen, abhängig vom Wohnort: Ärmere Menschen wohnen zum Beispiel häufig in Stadtteilen, in denen sie höheren Gesundheitsrisiken, wie etwa einer höheren Luftverschmutzung, ausgesetzt sind. Diese Ungleichheiten wurden und werden in der Umweltpolitik oftmals nicht ausreichend berücksichtigt. Dies hat dazu geführt, dass immer mehr Menschen Umweltgerechtigkeit fordern, mit dem Ziel, Fragen der sozialen Gerechtigkeit im Kontext von Umweltfragen zu thematisieren. Umweltgerechtigkeit verweist auf die Einbettung ökologischer Krisen in gesellschaftliche Machtverhältnisse.

Auf globaler Ebene zeigt sich, dass Gesellschaften, die übermäßig Ressourcen nutzen und entsprechend mehr Abfall erzeugen und Schadstoffe in Luft und Wasser einbringen, hierzu auf Senken in anderen Weltregionen zugreifen. Als Senken bezeichnet man natürliche Systeme, die die von der Gesellschaft abgegebenen Stoffe aufnehmen – zum Beispiel Wälder, die durch Baumwachstum CO_2 speichern, oder Gewässer, die mit Schadstoffen belastet werden.

Beispiele für Konflikte um die Anerkennung entsprechender Ungerechtigkeiten sind Protestaktionen der Standing Rock Sioux gegen den Bau einer Öl-Pipeline in den USA und globale soziale Bewegungen, die seit den 1990er-Jahren Gerechtigkeitsaspekte in die internationale Klimapolitik einbringen (Kalt, 2022). Auch bei der seit 2018 bestehenden *Fridays-for-Future-Bewegung* spielen Forderungen nach Klimagerechtigkeit, wie Ausgleichszahlungen für entstandene Schäden, eine zentrale Rolle. Betrachten wir deshalb die Frage der Klimagerechtigkeit als wichtigen Spezialfall der Umweltgerechtigkeit etwas näher.

2.1.2 Klimagerechtigkeit

Obwohl im Zusammenhang mit dem Klimawandel häufig von »der Menschheit« gesprochen wird, zeigt sich bei der Betrachtung von Verursachern und Betroffenen ein starker Gegensatz: Während die ärmere Hälfte der Weltbevölkerung nur 8 Prozent aller CO_2-Emissionen im Zeitraum 1990–2019 zu verantworten hat, ist allein das reichste Zehntel der Weltbevölkerung für die Hälfte der CO_2-Emissionen verantwortlich (Oxfam International, 2023) (Abb. 9). Gleichzeitig wirken sich die Folgen der CO_2-Emissionen global unterschiedlich stark aus: Die ärmere Hälfte der Weltbevölkerung lebt in Regionen, die wesentlich stärker von den Auswirkungen der Klimakrise betroffen sind und sich aufgrund ihrer Armut auch weniger gut anpassen und schützen können. Dies liegt an einer stärkeren Abhängigkeit von lokalen Existenzbedingungen, an globalen Machtverhältnissen und dem damit einhergehenden fehlenden Zugriff auf Wertschöpfungsketten sowie der Verlagerung negativer Konsequenzen der ressourcenintensiven Lebensweise vom globalen Norden in den Süden (Lessenich, 2016; Neckel et al., 2018).

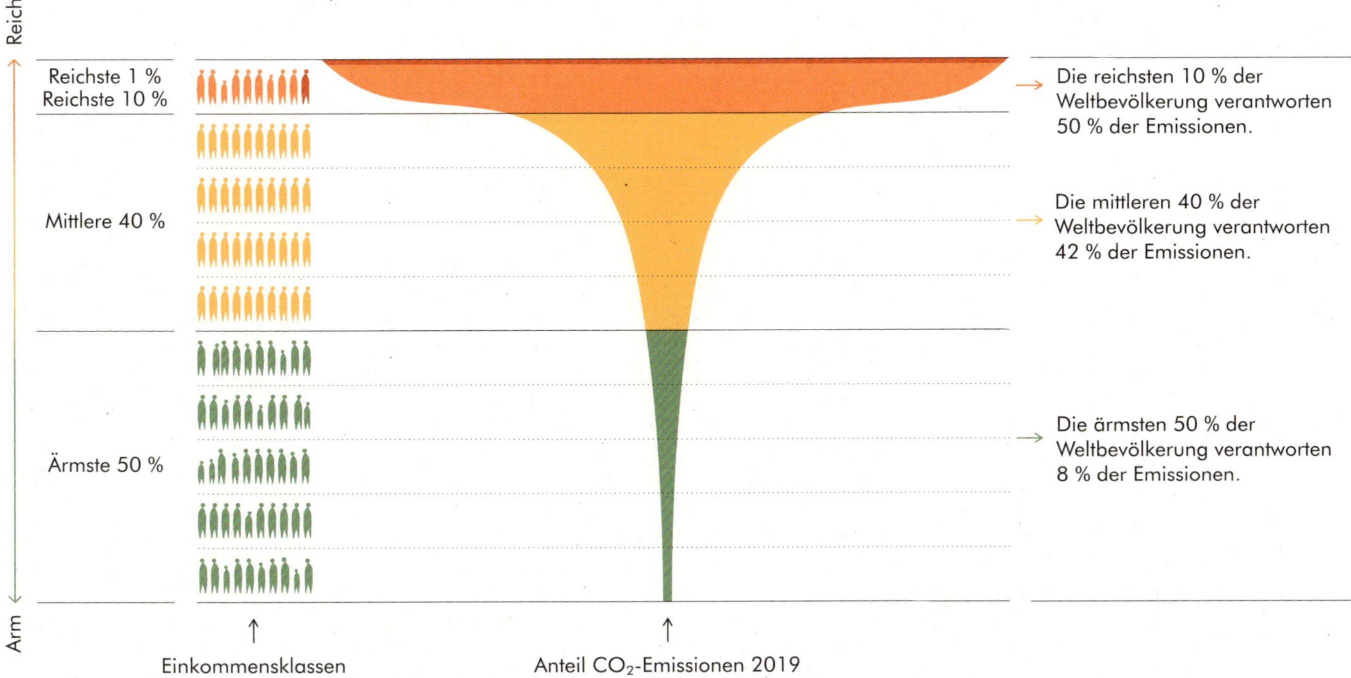

Abb. 9: Das »Champagnerglas«: CO_2-Emissionen nach Einkommensklassen im Zeitraum 1990–2019
Quelle: eigene Übersetzung und Darstellung angelehnt an Oxfam International (2023, S. xiii)[1]

2.1.3 Die Lebensweise des globalen Nordens ist nicht verallgemeinerbar

Die extreme Ungleichheit des CO_2-Ausstoßes ist auch ein Abbild der Schere im Ressourcenverbrauch zwischen Arm und Reich, Nord und Süd. Die Menschen im »globalen Norden«, also den wirtschaftsstarken Industrieländern, haben einen überproportional hohen Ressourcenverbrauch. Dies ist grundlegend in unserer Lebens- und Produktionsweise verankert: Die Gebäude, die wir bewohnen, wie wir uns fortbewegen und kleiden, unsere Ernährung und der übrige Konsum – all dies bestimmt unseren Ressourcenverbrauch. Individuell gibt es Handlungsspielräume für ressourcenschonendes Verhalten wie den Verzicht auf Flugreisen oder eine vegane Ernährung. Oftmals erschweren jedoch bestehende Strukturen diese Entscheidungen, etwa weil Flugreisen günstiger als umweltschonende Formen des Reisens sind oder weil das Angebot an veganem Essen zu spärlich ist.

Auch innerhalb der Länder des globalen Nordens zeigen sich große Unterschiede im Ressourcenverbrauch. Dieser steigt mit zunehmendem Einkommen an. Was gesellschaftlich als Luxus wahrgenommen wird – z. B. weite Flugreisen, teure Autos, große Wohnungen – bedingt diesen Zusammenhang. Im Workshop hinterfragen wir daher auch, was ein *Gutes Leben* bedeutet und welche Rolle materielle Güter darin spielen. Mit der Frage nach dem *Guten Leben* haben sich Philosophen seit Aristoteles auseinandergesetzt. Es ist vielleicht die älteste Frage, die Menschen sich selbst stellen. Sie wird je nach historischem und kulturellem Kontext unterschiedlich beantwortet.

Für die Menschen im »globalen Süden« wirkt der Luxus in Industrieländern als Vorbild. Viele von ihnen werden Teil einer globalen Mittelschicht und verfolgen dabei eine Lebensweise, die ebenfalls mit übermäßigem Ressourcenverbrauch einhergeht. Die ressourcenintensive Lebensweise ist aber nicht zukunftsfähig, da sie im Kern auf der Ausbeutung von

1 Anmerkung von Oxfam: Diese Veröffentlichung ist eine Anpassung und Übersetzung von Abbildung ES.2 auf Seite xiii und wird mit Genehmigung von Oxfam, Oxfam House, John Smith Drive, Cowley, Oxford OX4 2JY UK – www.oxfam.org.uk veröffentlicht. Oxfam befürwortet nicht notwendigerweise Texte oder Aktivitäten, die mit den Materialien einhergehen, und hat auch den angepassten Text nicht genehmigt. Die Übersetzung von Abbildung ES.2 auf Seite xiii wurde von der Universität Zürich / Zurich Knowledge Center for Sustainable Development angefertigt und soll eine flüssige Übersetzung der Arbeit darstellen. Oxfam ist nicht verantwortlich für den Inhalt der deutschen Übersetzung, der über den Inhalt der englischen Originalversion des Papiers hinausgeht.

Menschen und Natur beruht. Dieser Blick auf strukturelle Zusammenhänge verdeutlicht, warum nicht individuelle Verhaltensänderungen, sondern nur eine tiefgreifende Veränderung der gesellschaftlichen Form der Ressourcennutzung diese Situation verändern kann. Aus diesem Grund blicken wir im Workshop auf mögliche gesellschaftliche Veränderungen und die Wege, die von ressourcenintensiven zu suffizienten Strukturen führen können (siehe auch 3.2.3 »Soziale Imagination«).

2.2 Nachhaltige Entwicklung und Nachhaltigkeitsstrategien

Der Kerngedanke Nachhaltiger Entwicklung ist ein Veränderungsprozess, welcher die übermäßige Belastung der Ökosysteme und die ungleiche Verteilung der Folgen beendet. Im Sinne der Brundtland-Definition ist Nachhaltige Entwicklung »eine Entwicklung, die Bedürfnisse der Gegenwart befriedigt, ohne zu riskieren, dass künftige Generationen ihre eigenen Bedürfnisse nicht befriedigen können« (Weltkommission für Umwelt und Entwicklung, 1987, S. 46). Gemeint sind hier Grundbedürfnisse wie Wohnen, Gesundheit und Teilhabe. Diese Definition vereint die beiden Grundprinzipien von globaler und intergenerativer Gerechtigkeit. Seit dem »Erdgipfel« 1992 in Rio de Janeiro dient die Idee der Nachhaltigen Entwicklung als Leitbild der globalen Entwicklungs- und Umweltpolitik, insbesondere im Kontext der UN-Nachhaltigkeitskonferenzen und dem daraus entwickelten Aktionsprogrammen »Agenda 2030« mit den 17 Zielen für eine Nachhaltige Entwicklung (im Englischen »Sustainable Development Goals«, kurz »SDG«).

2.2.1 Effizienz, Konsistenz, Suffizienz

Maßnahmen für Nachhaltige Entwicklung können den drei Nachhaltigkeitsstrategien Effizienz, Konsistenz und Suffizienz zugeordnet werden (Abb. 10).

Effizienz

Als »Effizienz« bezeichnet man das Verhältnis vom nutzbaren Output zum benötigten Input eines Prozesses. Wenn beispielsweise eine Waschmaschine weniger Energie benötigt als eine andere, um die gleiche Menge von Wäsche zu waschen, ist sie energieeffizienter. Oftmals wird nicht präzise definiert, welche Inputs betrachtet werden, um Effizienz zu bestimmen. Bei der Waschmaschine könnte man außer Energie z. B. das verbrauchte Wasser, die benötigte Menge Waschmittel oder die Zeit für den Waschvorgang betrachten; damit wären schon vier verschiedene Spezialfälle von Effizienz zu unterscheiden. Ähnlich stellt sich die Frage, was man als erwünschten Output betrachtet, z. B. nur die Menge der Wäsche oder auch die erreichte Sauberkeit.

Geht man von einer bestimmten Effizienz aus (im obigen Beispiel etwa von Kilogramm gewaschener Wäsche pro Kilowattstunde Energie), so machen Verbesserungen dieser Effizienz grundsätzlich immer verschiedene Veränderungsrichtungen möglich, die wünschenswert erscheinen: Man könnte in Zukunft gleich viel waschen und Energie sparen, oder mehr waschen, ohne entsprechend mehr Energie zu verbrauchen. Es könnte sogar der Fall eintreten, dass so viel mehr gewaschen wird, dass trotz Verbesserung der Energieeffizienz absolut betrachtet mehr Energie benötigt wird. Dies nennt man auch das »Jevons-Paradox« nach dem britischen Ökonomen William Stanley Jevons, der im 19. Jahrhundert korrekt vorhergesagt hatte, dass energieeffizientere Dampfmaschinen zu einem Mehrverbrauch an Kohle führen würden. Heute sehen wir das Jevons-Paradox besonders deutlich im Bereich digitaler Technologien, die für die gleiche Funktion zwar immer weniger Energie benötigen, dafür aber immer intensiver genutzt werden (Santarius et al., 2023; Widdicks et al., 2023).

Es ist also wichtig zu verstehen: Effizienz ist immer ein Quotient (eine Verhältniszahl), sie sagt nichts über absolute Mengen verbrauchter Ressourcen aus.

Konsistenz

Als »Konsistenz« bezeichnet man im Nachhaltigkeitsdiskurs das Ziel, möglichst alle verwendeten Materialien in Kreisläufen zu führen, seien das technisch-wirtschaftliche oder ökologische Kreisläufe. Es handelt sich um eine Form von Produktion und Konsum, die weder bei der Entnahme von Ressourcen aus der Umwelt noch bei deren Rückgabe (in transformierter Form) eine Schädigung ökologischer Kreisläufe verursacht. Es wird also im Idealfall nichts entnommen, was das natürliche Ökosystem nicht ersetzen könnte, und nichts abgegeben, was das Ökosystem nicht verarbeiten kann. Das natürliche Prinzip des Stoffkreislaufs lässt sich auch innerhalb der menschlichen Gesellschaft anwenden, indem technische Kreisläufe für Materialien eingerichtet werden (Recycling, Kreislaufwirtschaft).

Suffizienz

Suffizienz als Strategie für Nachhaltige Entwicklung umfasst Schritte, Maßnahmen und Instrumente, die den Bedarf an Rohstoffen und Energie insgesamt verringern, indem sie soziale Praktiken so verändern, dass eine schonende Lebens- und Wirtschaftsweise resultiert (Linz, 2012, S. 75; Stengel, 2011).

Eine Suffizienz-Strategie für Energie würde beispielsweise nicht auf geringere Verluste bei der Energieumwandlung und -bereitstellung (Effizienz) oder den Ersatz fossiler und nuklearer Energieträger und damit der stofflichen Basis der Energieversorgung (Konsistenz) abzielen, sondern auf die absolute Mengenreduktion des Energiebedarfs durch verändertes Nutzungsverhalten.

Dies führt notwendigerweise zu der Frage nach dem *Rechten Maß*, die häufig mit dem Begriff der Suffizienz verbunden wird: Zum einen geht es um die Obergrenzen des Ressourcenverbrauchs im Sinne der planetaren Belastungsgrenzen, deren Überschreitung die Bedingungen für menschliches Leben auf dem Planeten Erde beeinträchtigt (Spengler, 2016). Zum anderen geht es um Untergrenzen des Ressourcenverbrauchs für die Erfüllung von Grundbedürfnissen im Sinne sozialer Mindeststandards (ebd.). In reichen Ländern bedeutet Suffizienz daher in erster Linie eine veränderte Organisation der Bedürfnisdeckung, eine Reflexion über Grundbedürfnisse und eine Verminderung von überflüssigem Konsum, um den Ressourcenverbrauch zu senken (Wuppertal Institut, 2023).

2.2.2 Begründung von Suffizienz als Nachhaltigkeitsstrategie

Eine wichtige Erkenntnis der Nachhaltigkeitsforschung in Bezug auf die genannten Strategien ist, dass erst durch eine Kombination der drei Strategien ihre volle Wirkung erreicht werden kann. Ohne die »Richtungskonstante Suffizienz« (Linz, 2012) verfehlen Effizienz- und Konsistenz-Strategien ihre Wirkungen.

So führen Effizienzverbesserungen häufig dazu, dass mehr Output als zuvor nachgefragt wird, weil sich dieser nun kostengünstiger bereitstellen lässt. Die theoretisch mögliche Einsparung des jeweils betrachteten Inputs (z. B. Energie) wird dann nicht erreicht. Dies bezeichnet man als »Rebound-Effekt«. Es ist sogar möglich, dass mehr Input als vorher verbraucht wird, weil die Nachfrage stärker zunimmt als die Effizienz. Man spricht dann von einem Rebound-Effekt über 100 Prozent, einem »Backfire-Effekt« oder auch vom »Jevons-Paradox«, wie oben schon erwähnt.

Wenn allein auf Verbesserung von Energie- oder Ressourcen-Effizienz als Strategie für Nachhaltigkeit gesetzt wird, vereitelt der Rebound-Effekt häufig den erhofften Erfolg. Deutlich wird dies am Beispiel des Autoverkehrs: In den letzten Jahrzehnten wurden Automotoren immer effizienter und benötigen für den gleichen Output (zurückgelegte Strecke) heute deutlich weniger Input (Kraftstoff). Dennoch steigt der Ressourcenausstoß durch den Autoverkehr an, weil insgesamt mehr Auto gefahren wird und die Autos außerdem im Durchschnitt größer und schwerer geworden sind.

Effizienz	Konsistenz	Suffizienz
Am Beispiel der Mobilität		

Gleicher Nutzen, weniger Energie- und Materialverbrauch	Regenerative Energien und wiederverwendbare Materialien	Weniger Bedarf, zum Beispiel weniger Autofahrten

Abb. 10: Die drei Nachhaltigkeitsstrategien am Beispiel Mobilität
Quelle: eigene Darstellung angelehnt an die »Menschen für Solidarität, Ökologie und Lebensstil« (2020)

Auch die Nachhaltigkeitsstrategie der Konsistenz, die im Beispiel des Autoverkehrs eine Umstellung der Antriebsstoffe auf eine andere stoffliche Basis bedeuten würde (Elektroauto), ist in ihrer Wirkung beschränkt. Zum einen wäre eine ausreichende Verfügbarkeit erneuerbarer Energie eine Grundvoraussetzung, damit sich die Umweltbelastung nicht in die Kraftwerke verlagert. Zum anderen bezieht sich die Bemühung um Konsistenz nur auf die Nutzungsphase des Autos und nur auf den Antrieb. Andere Umweltbelastungen wie die Gewinnung seltener Rohstoffe für die Herstellung der Elektroautos oder weitere, bereits bestehende Probleme wie die Versiegelung des Bodens durch Straßeninfrastruktur werden damit nicht gelöst.

Nur in Kombination mit der Suffizienz-Strategie kann eine absolute Reduktion von Ressourcenverbrauch und Umweltbelastung erreicht werden. Diese würde im Kern eine Verringerung des Material- und Ressourcenverbrauchs im Bereich der Mobilität anstreben und dies beispielsweise durch den Ausbau des öffentlichen Verkehrsangebots und sicherer Fahrradwege erreichen, damit Mobilitätsbedürfnisse statt durch individuelle Autonutzung durch ressourcensparende Alternativen gedeckt werden können. Setzt die Suffizienz-Strategie bereits in der Stadtplanung an (»Stadt der kurzen Wege«), lassen sich Mobilitätsbedürfnisse einfacher unmotorisiert realisieren.

Es wird deutlich, dass eine Strategie der Suffizienz eine grundlegend andere Organisation unseres Zusammenlebens und Wirtschaftens erfordert. Heute sind nicht-nachhaltige Verhaltensweisen oftmals günstiger, einfacher und schneller, was es den meisten Menschen erschwert bis verunmöglicht, in ihrem Alltag Entscheidungen für suffizientes Handeln zu treffen. Statt individuellem Verzicht allein ist die Veränderung von Infrastrukturen und das Überdenken von gesellschaftlichen Konventionen notwendig, um Fortschritte in Richtung einer suffizienten Zukunft zu erreichen. Das Nachdenken darüber wollen wir mit dem von uns entwickelten Workshop anregen.

2.2.3 Suffizienz als Herausforderung

Trotz der großen Dringlichkeit von Suffizienz-Maßnahmen und einer steigenden Aufmerksamkeit in Wissenschaft und Politik für das Thema Suffizienz dominieren in den Programmen für Nachhaltige Entwicklung Effizienz- und Konsistenz-Strategien (Behringer, 2022). Die Nachhaltigkeitsstrategie der Suffizienz ist weit weniger anschlussfähig an die Steigerungslogik des Wirtschaftssystems als Effizienz und Konsistenz. Während Effizienz und Konsistenz mit der Idee eines stetigen Wirtschaftswachstums vereinbar sind, stellt Suffizienz diese Idee infrage. Suffizienz bedeutet auch, absolute Beschränkungen für Produktion und Konsum vorzusehen und danach zu fragen, in welchem Maße bestimmte Formen von Produktion und Konsum notwendig sind, um gesellschaftliche Bedürfnisse zu erfüllen (Creutzburg, 2023). Dies steht im Widerspruch zum oftmals unhinterfragten Ziel des permanenten Wirtschaftswachstums. Aus einer Suffizienz-Perspektive lautet die Frage vielmehr: Was soll wachsen, was nicht? Welche Strukturen und Angebote müssen ausgebaut werden, um Menschen ein erfülltes Leben zu ermöglichen? Und welche Bereiche von Produktion und Konsum müssen daher reduziert werden?

Aufgrund dieser zugrundeliegenden Frage sind Suffizienzstrategien innerhalb dieses Rahmens oft schwierig umsetzbar. Unternehmen etwa stehen in Konkurrenz zueinander und können nicht einfach beschließen, weniger zu produzieren und verkaufen, da sie weiter auf dem Markt bestehen müssen. Aber auch auf individueller Ebene zeigt sich dieser Widerspruch: In einer nicht-nachhaltigen Normalität sind suffiziente Praktiken oftmals mit einem Mehraufwand an Zeit und Geld verbunden oder aber gar nicht realisierbar, weil Infrastrukturen oder Angebote fehlen. Der Ersatz von Kurzstreckenflügen durch Bahnfahrten wäre ein Beispiel. Dass nicht-nachhaltige Praktiken stattfinden oder sogar dominieren, liegt daher nicht (nur) im fehlenden Bewusstsein oder Willen der Handelnden begründet, sondern auch an den gesellschaftlichen Bedingungen des Handelns. Dies verdeutlicht, dass eine Veränderung der Rahmenbedingungen notwendig ist, um Verhaltensänderungen zu ermöglichen. Hinzu kommt, dass die Idee vom stetigen Wachstum sich ausgehend von der Wirtschaft auf andere Lebensbereiche übertragen hat. Beispielsweise ist der Wunsch, auch in der Freizeit immer mehr zu erleben und weitere Strecken zu reisen, innerhalb unserer Gesellschaften als Sozialnorm etabliert. Der soziale Druck zur Selbstoptimierung und der Optimierung des eigenen Erlebens zeugt ebenfalls davon, dass das ökonomische Wachstumsdogma sich in unsere individuellen Wertmaßstäbe überträgt. Im Workshop wollen wir daher auch diese persönlichen Denkmuster ansprechen und zu ihrer kritischen Reflexion anregen.

Gerade diese Ebene verdeutlicht ein weiteres Hindernis für Suffizienz als Nachhaltigkeitsstrategie. Weil sich Verhaltensänderungen nur zu einem kleinen Teil vorschreiben und planen lassen, sondern vielmehr durch veränderte Rahmenbedingungen begünstigt werden müssen, führt Suffizienz auch zur Auseinandersetzung mit dem kulturellen Wandel und damit wiederum zu Fragen, die über das bisherige Verständnis von Nachhaltigkeitsstrategien weit hinausgehen.

2.2.4 Ein Gutes Leben für alle

Das generelle Ziel Nachhaltiger Entwicklung lässt sich auch als *Gutes Leben für alle, heute und in Zukunft* ausdrücken. Darauf nehmen wir auch in unserem Workshop Bezug. Mit der Frage, was ein *Gutes Leben* ausmacht, geht auch ein Hinterfragen von gängigen Vorstellungen über materiellen Wohlstand einher. Die von den Teilnehmenden des Workshops entwickelten Vorstellungen eines *Guten Lebens* heben nach den Beobachtungen in unseren Workshops Lebensqualität, Zeitwohlstand, Kooperation und soziale Gerechtigkeit hervor und stellen das verbreitete Wachstumsnarrativ infrage, welches sich ausgehend vom Wirtschaftswachstum auf zahlreiche weitere Lebensbereiche ausgedehnt hat. Anhand der Fragen »Was soll wachsen?« und »Was soll nicht wachsen?« öffnen wir die Perspektive für die Möglichkeit des Wachstums immaterieller Güter und Werte.

2.3 Wie kommt der Wandel in die Welt?[2]

Wie die vorangegangenen Kapitel gezeigt haben, ist für eine suffizienzorientierte Gesellschaft, die das *Gute Leben* für alle anstrebt, noch viel Veränderung nötig. Dieser notwendige tiefgreifende Wandel unseres Zusammenlebens und Wirtschaftens wird unter dem Stichwort »sozial-ökologische Transformation« diskutiert. Die Workshop-Teilnehmenden zur aktiven Gestaltung dieses Wandels zu befähigen, ist Ziel des Zukunftsworkshops »Wege zur Suffizienz«. Denn Veränderungen entstehen durch Menschen, die sich dafür einsetzen, sich politisch organisieren und engagieren.

Uwe Schneidewind spricht in seinem Buch »Die Große Transformation« (2018) davon, dass letztlich jede gesellschaftliche Veränderung von einzelnen Pionier:innen des Wandels ausgeht. »Jede Änderung, die in Gesellschaften und Organisationen geschieht, braucht Einzelne, die sie anstoßen, die Potentiale und Handlungsfreiräume erspüren und nutzen [...].« (Schneidewind, 2018, S. 456). Die Pionier:innen des Wandels sind demnach die »Motoren für Veränderungsprozesse« oder auch die »Keimzellen der Großen Transformation« (ebd., S. 460).

Um diese Pionier:innen des Wandels zu befähigen, braucht es mehr als Kenntnisse über den Zustand der Welt und Visionen vom *Guten Leben* für alle – nämlich auch Wissen darüber, was gesellschaftlicher Wandel bedeutet und wie dieser stattfindet. Im Zukunftsworkshop »Wege zur Suffizienz« wird dieses Wissen durch den zweiten Input vermittelt, dessen Inhalte im Folgenden erläutert werden. Im Workshop werden die Teilnehmenden angeregt, dieses Wissen anzuwenden, indem sie Handlungsideen entwickeln, um die sozial-ökologische Transformation voranzutreiben. Der Workshop bietet zudem erste Impulse, um diese Handlungsideen umzusetzen, sodass die Teilnehmenden einen ersten Schritt machen, um selbst zu Pionier:innen des Wandels zu werden.

Transformationstheorien

Im sozialwissenschaftlichen Kontext bezeichnet Transformation umfassende Veränderungsprozesse in der Gesellschaft oder in einzelnen Bereichen der Gesellschaft wie Politik oder Wirtschaft. Als »sozial-ökologische Transformation« wird ein zielgerichteter Veränderungsprozess bezeichnet, der den Erhalt der ökologischen Lebensgrundlagen mit einer als gerecht betrachteten Gesellschaftsordnung vereint.

Die sozial-ökologische Transformation erfordert eine gemeinsame Suchbewegung mit einem demokratischen, durchaus auch konfliktreichen Aushandeln wünschenswerter Zukünfte. Verschiedene Theorien versuchen, die sozial-ökologische Transformation zu beschreiben, um schließlich auch Anhaltspunkte zum Handeln für Nachhaltigkeit zu liefern.

- Ein weit verbreiteter Ansatz ist die Mehrebenen-Perspektive auf sozio-technische Regimes. Grin et al. (2010) beschreiben, wie Entwicklungen auf verschiedenen Ebenen dazu beitragen, dass technologische Bestrebungen für Nachhaltigkeit von der Nische zum Mainstream werden.
- Dieser Ansatz wurde angepasst, um die Verbreitung von sozialen Innovationen für Nachhaltigkeit zu analysieren (Haxeltine et al., 2016). Unter sozialen Innovationen werden neue soziale Praktiken verstanden, die darauf abzielen, bestimmte Bedürfnisse durch eine Veränderung dieser Praktiken anders zu befriedigen.
- Auch das Gutachten des Wissenschaftlichen Beirats Globale Umweltveränderungen (WBGU) der deutschen Bundesregierung (WBGU, 2011) erweitert das Konzept der Mehrebenen-Perspektive, indem es verschiedene Akteure und deren Rolle in der Transformation in den Fokus nimmt.

2 Dieses Kapitel ist angelehnt an das gleichnamige Kapitel aus dem Buch »Die Welt auf den Kopf stellen« des I. L. A. Kollektivs (2022).

- Einen ganz anderen Zugang zum Thema Transformation liefert der Soziologe Erik Olin Wright (2017). Er verbindet das Handeln auf der persönlichen, individuellen Ebene mit systemischen Veränderungen.

Im Zukunftsworkshop »Wege zur Suffizienz« nutzen wir die Theorie von Wright, um strukturiert über Transformation nachzudenken und unseren Horizont zu erweitern, wenn es darum geht, Handlungsstrategien für Suffizienz zu entwickeln.

Transformationsstrategien nach Wright

In seinem gleichnamigen Buch spricht Wright von »Realen Utopien« (2017). Damit meint er Utopien, die im Hier und Jetzt bestehen und gleichzeitig darüber hinausgehen, in dem sie den nicht-nachhaltigen Status Quo herausfordern und überwinden wollen. Als Beispiel für eine reale Utopie nennt Wright Wikipedia. Die kostenlose Online-Enzyklopädie wird täglich von mehreren Millionen Menschen genutzt und basiert auf einer alternativen Art der Wissensproduktion und -verbreitung, zu der jede Person nach ihren Fähigkeiten beitragen kann. Indem er solche realen Utopien untersucht, entwickelt Wright seine Theorie. Er unterscheidet darin drei Transformationsstrategien, die durch ihr Zusammenspiel Wandel vorantreiben können (Abb. 11):

- die Symbiose,
- den Bruch und
- den Freiraum.

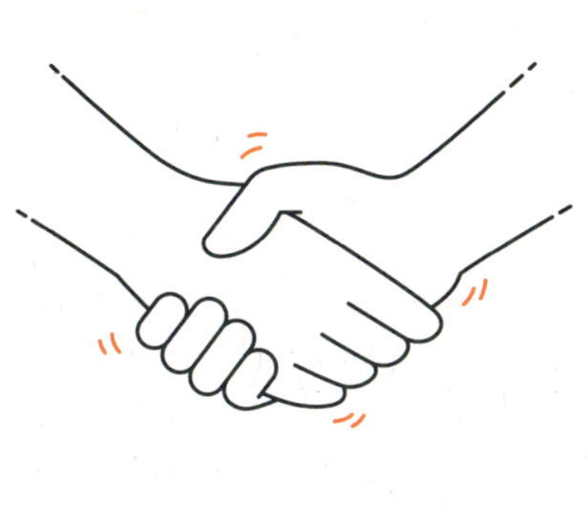

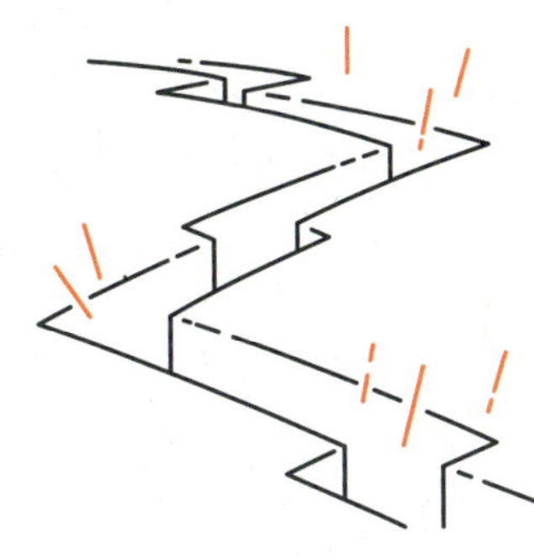

Abb. 11: Die drei Transformationsstrategien nach Wright (2017); eigene Darstellung

Die Strategie der Symbiose zielt darauf ab, bestehende Mittel, Instrumente und Institutionen zu nutzen, um Verbesserungen der Lebensumstände zu erreichen. Das geschieht etwa durch Nutzung staatlicher Institutionen (z. B. Parlamente) auf nationaler, regionaler und lokaler Ebene. Es kann aber auch außerhalb staatlicher Institutionen geschehen, indem zum Beispiel Arbeitnehmer:innen direkt beim Arbeitgeber bessere Arbeitsbedingungen fordern.

»Bruch« bedeutet die direkte Konfrontation mit dem als ungerecht erlebten Status Quo, meist durch Massenbewegungen, etwa in Form von Streiks, Besetzungen oder Blockaden, welche beispielsweise veränderte Produktionsstrukturen oder Arbeitsverhältnisse hervorbringen können.

Die dritte, »Freiraum« genannte Strategie besteht darin, Alternativen zu bestehenden Strukturen aufzubauen, die es ermöglichen, das *Gute Leben* zu erproben. Sie dienen als Inspirationsquelle und demonstrieren, dass andere Wirtschafts- und Lebensweisen schon heute möglich sind. Freiräume sind meist in gemeinschaftsbasierten Organisationsformen zu finden, wie zum Beispiel in Kooperativen. Die Bemühungen in Freiräumen finden zunächst in Nischen statt, haben meist keine große Reichweite und tangieren den Status Quo nicht. Kumuliert, ausgeweitet und durch andere Transformationsstrategien ergänzt, können sie allerdings wichtige Anhaltspunkte für Veränderungen liefern. Sie entwickeln Lösungen, die dann bereitstehen, wenn es zu einer größeren Transformation kommt.

Tab. 2: Beschreibung der drei Transformationsstrategien nach Wright (2017)

Transformations-strategie	Beschreibung	Beispiele
Symbiose	Reformen durch Nutzung bestehender Instrumente und Institutionen	Wahlen, Abstimmungen, parteipolitisches Engagement; gewerkschaftliches Engagement; zivilgesellschaftliches Engagement; Rechtsmittel beschreiten
Bruch	Widerstand durch Konfrontation des als ungerecht erlebten Status Quo	Streiks, ziviler Ungehorsam (z. B. Besetzung von Fabriken, Häusern, Straßen oder Waldgebieten)
Freiraum	Aufbau von Alternativen in Nischen	Solidarische Landwirtschaft, Repair Cafés, Kleidertausch, »Transition Initiatives«, Kooperativen, genossenschaftliches Wohnen

Beispiel: Frauenstimmrecht in der Schweiz

Diese drei Transformationsstrategien beeinflussen und stärken sich gegenseitig. Das historische Beispiel der Einführung des Frauenstimmrechts in der Schweiz zeigt, wie verschiedene Transformationsstrategien ineinandergreifen. Das Wahl- und Stimmrecht für Frauen wurde in der Schweiz nach einer erfolgreichen Volksabstimmung 1971 eingeführt. Dies, nachdem sich Frauen und viele solidarische Menschen während rund 100 Jahren dafür eingesetzt und engagiert hatten (Abb. 12). Bereits 1868 forderten anonyme Zürcherinnen anlässlich einer Revision der Kantonsverfassung das Stimmrecht für Frauen, allerdings ohne Erfolg. Auf Bundesebene sind solche Vorstöße 1868 und 1870 zu verzeichnen. 1904 nahm die sozialdemokratische Partei die Forderung in ihr Parteiprogramm auf, und in den folgenden Jahren reichten sie in verschiedenen Kantonsparlamenten Motionen für das Frauenstimmrecht ein. Zur ersten eidgenössischen Volksabstimmung kam es 1959, die dann vom Stimmvolk abgelehnt wurde. Auf kantonaler Ebene führten allerdings die Kantone Waadt und Neuenburg 1959 das Frauenstimmrecht ein. 1971 wurde die Vorlage erneut dem Volk zur Abstimmung unterbreitet und dann angenommen.

All dies sind Beispiele für die Transformationsstrategie der »Symbiose«, also das Vorgehen, durch Nutzung bestehender Institutionen und Instrumente Veränderung anzustoßen. Bis schlussendlich die Volksinitiative 1971 angenommen wurde, bedurfte es aber parallel der »Bruch«- und der »Freiraum«-Strategie.

Das Frauenstimmrecht war neben der 48-Stunden-Woche und Altersversorgung eine der Forderungen der rund 250.000 Streikenden des Landesstreiks von 1918. Obwohl der Streik nach drei Tagen abgebrochen wurde, flossen die Anliegen in die politische Diskussion ein. Als Reaktion auf die spätere Ablehnung des Frauenstimmrechts 1959 streikten in Basel 50 Lehrerinnen eines Mädchengymnasiums. 1969 entstand die Frauenbefreiungsbewegung, deren Aktivist:innen bereits an den Jugendunruhen von 1968 beteiligt gewesen waren. Die Frauenbefreiungsbewegung schuf auch verschiedene Freiräume, wie etwa ein autonom geführtes Frauenzentrum. Dieses bot nicht nur Schutz vor sexualisierter Gewalt, sondern setzte sich zugleich für die Einführung des Frauenstimmrechts ein.

Die Nutzung von Freiräumen zeigte sich schon früher, etwa an der Schweizerischen Ausstellung für Frauenarbeit (SAFFA). Nach erfolgreichen kleineren Ausstellungen in Bern, Genf, St. Gallen und Basel, die von zusammengeschlossenen Frauengewerbe-Verbänden organisiert wurden, veranstaltete der Bund Schweizerischer Frauenvereine 1928 eine gesamtschweizerische Ausstellung, um die Bedeutung der Frauenarbeit für die Gesellschaft aufzuzeigen. Ein Teil der Ausstellung war auch dem Frauenstimmrecht gewidmet, und am Eröffnungsfest schritt der Schweizerische Verband für Frauenstimmrecht mit einem Wagen mit einer großen Schnecke mit. Obwohl die SAFFA-Ausstellung den ungerechten Status Quo nicht direkt konfrontierte, spricht man von einem wichtigen Ereignis in der Schweizer Frauengeschichte, das den Frauen Selbstvertrauen gab, für ihre Anliegen einzutreten. Diese und weitere Freiräume sind bis heute wichtige Orte der Begegnung, der Bildung und der politischen Organisation (Seitz, 2020; Studer & Wyttenbach, 2021).

Abb. 12: Frauen demonstrieren am 1. Mai für ihre Rechte; Zürich 1948
Quelle: Schweizerisches Sozialarchiv, F 5047-Fb-103

Die in diesem Kapitel zusammengestellten Grundlagen sind in Form einer Präsentation im Begleitmaterial zum Buch enthalten, die als Input für den Workshop dient.

Die Materialien zum Ausdrucken sowie die Präsentation können auf der Website zu diesem Buch beim oekom Verlag kostenlos heruntergeladen werden: www.oekom.de/suffizienz-download

3 Lernziele und Aufbau des Workshops

Der Zukunftsworkshop »Wege zur Suffizienz« ist eine Einladung an die Teilnehmenden, ihre eigenen Wege in Richtung einer suffizienten Zukunft zu suchen und zu gehen. Er soll die Teilnehmenden befähigen, ausgehend von ihrer aktuellen Lebenssituation und ihren eigenen Präferenzen über mögliche Zukünfte nachzudenken und dabei Wachstumszwänge kritisch zu reflektieren. Darauf aufbauend sollen erste individuelle oder gemeinsame Schritte in Richtung einer suffizienten Zukunft unternommen werden.

Dieses Kapitel schildert den Aufbau des Workshops, erläutert seine Grobziele und spezifiziert diese als Lernziele in den einzelnen Phasen. Die praktische Anleitung zur Durchführung folgt im nächsten Kapitel (siehe 4 »Praktische Anleitung zur Durchführung des Workshops«).

3.1 Grobziele des Workshops

Der Zukunftsworkshop »Wege zur Suffizienz«:

1. vermittelt Orientierungswissen über Suffizienz als eine bisher wenig bekannte und politisch wenig berücksichtigte Strategie der Nachhaltigen Entwicklung. Teilnehmende lernen Zusammenhänge zwischen Wirtschaftswachstum und sozial-ökologischen Krisen kennen.
2. fördert die aktive Teilnahme. Teilnehmende diskutieren über Fragen des Wachstums, der Suffizienz und über ihre Zukunftsvisionen. Sie sind in Reflexions- und Gestaltungsprozesse involviert. Dabei schöpfen sie aus ihren eigenen Erfahrungen und stellen persönliche Bezüge zum Thema suffiziente Zukünfte her.
3. unterstützt die kritische Reflexion über mit Wachstum verbundene Denkmuster. Teilnehmende sind sensibilisiert auf mit Wachstum verbundene Denkmuster und deren Verbreitung in der Gesellschaft und Alltagssprache.
4. regt die soziale Imagination an. Teilnehmende entwickeln Vorstellungen von suffizienten Zukünften für eine Gesellschaft von morgen, ohne ihre Fantasie von gegenwärtigen Hindernissen einschränken zu lassen.
5. ermächtigt zum Handeln. Teilnehmende sind ermutigt, im Sinne einer Suffizienzstrategie zu einer Nachhaltigen Entwicklung beizutragen und kennen Strategien der gesellschaftlichen Transformation, die sie praktisch anwenden können.

Der Workshop ist entlang dieser fünf Grobziele aufgebaut und besteht aus vier aufeinander aufbauenden Phasen, die durch zwei Diskussionsrunden im Plenum ergänzt werden. Diese sind in die dritte und vierte Phase integriert und schaffen wiederholt Reflexionsräume im Workshop, in denen die wichtigsten Erkenntnisse aus den Gruppen im Plenum geteilt und neue Perspektiven verhandelt werden.

Die Einteilung in vier Workshop-Phasen dient sowohl der Workshopleitung wie auch den Teilnehmenden zur Orientierung und strukturiert den partizipativen Prozess in Arbeitsetappen. Die Aufgaben und Arbeitsweisen sind an den Lernzielen ausgerichtet und präzisieren diese. Das methodische Repertoire umfasst folgende Sequenzen:

- Kennenlernspiele
- Inputs
- individuelle Arbeit

- Gruppenarbeit
- performative Übungen
- Diskussionen im Plenum

3.2 Phasen und detaillierte Lernziele

3.2.1 Kennenlernen und Einführung

Lernziele:

- Teilnehmende kennen einander mit Vornamen.
- Teilnehmende verstehen den Begriff der Suffizienz und verknüpfen ihn mit ihrem Vorwissen.
- Teilnehmende setzen sich ausgehend von ihrer Lebenswelt und eigenen Erfahrungen zum Thema Suffizienz in Bezug.
- Die Workshopleitung kann das Vorwissen der Teilnehmende zum Thema Suffizienz grob einschätzen.

Der Workshop beginnt mit einem Kennenlernspiel, sodass die Teilnehmenden einander kennenlernen, Hemmungen abbauen und sich auf die aktive Teilnahme vorbereiten. Für viele Teilnehmende ist der Workshop die erste Begegnung mit Themen der Suffizienz und/oder der Gestaltung von Zukünften. Daher werden sie nach dem Kennenlernen in einer optionalen soziometrischen Aufstellung spielerisch an das Thema Suffizienz herangeführt. Als positiven Nebeneffekt des spielerischen Einstiegs kann die Workshopleitung den Wissensstand der Teilnehmende zu den Kernthemen des Workshops einschätzen.

3.2.2 Wachstum infrage stellen

Lernziele:

- Teilnehmende verstehen den Grundgedanken von Suffizienz als Nachhaltigkeitsstrategie.
- Teilnehmende erkennen die Zusammenhänge zwischen Wirtschaftswachstum und sozial-ökologischen Krisen.
- Teilnehmende sind sensibilisiert auf mit Wachstum verbundene Denkmuster.
- Teilnehmende vergegenwärtigen sich ihre Vorstellung vom *Guten Leben.*

In dieser Phase setzen sich die Teilnehmenden mit dem Zusammenhang zwischen Wirtschaftswachstum und sozial-ökologischen Krisen auseinander. Die Phase beginnt mit einer Einführung (Input) in dieses Thema, normalerweise als Präsentation der Workshopleitung (siehe auch 2.1 »Die Endlichkeit unseres Planeten«, 2.2 »Nachhaltige Entwicklung und Nachhaltigkeitsstrategien« und unter 4.4.2 »Input zum Thema Suffizienz«). Die Präsentation erklärt, wieso kein unbegrenztes materielles Wachstum auf einem begrenzten Planeten möglich ist.

Das Anliegen ist es, die kritische Reflexion der Teilnehmenden in Bezug auf materielles Wachstum wie auch auf die mit dem ökonomischen Wachstumsbegriff verbundenen Denkmuster zu fördern. Diese beziehen sich nicht allein auf die Steigerung des Bruttoinlandsprodukts, sondern gehen meist darüber hinaus, weil ökonomisches Wachstum zu einem universellen und gesellschaftlich dominierenden Leitbild geworden ist. Seit der Entwicklung des Kapitalismus im 18. Jahrhundert in England hat sich neben der umgangssprachlichen, generischen Bedeutung des Wortes »Wachstum« (wie etwa in »Pflanzenwachstum«) eine zweite, durch den ökonomischen Kontext spezialisierte Bedeutung etabliert, die zu einem einflussreichen Paradigma wurde. »Wachstum« im ökonomischen Kontext transportiert nun die normative Idee, dass die Schaffung von Werten, über die allein Märkte bestimmen, stets geboten sei und sogar dem Zwang einer ständigen Beschleunigung unterliegt. Wachstum ist damit zu einem Leitbild geworden, das unsere Denkmuster prägt und Einzug in nahezu alle Lebensbereiche gefunden hat. Der Sozialpsychologe und Nachhaltigkeitsforscher Harald Welzer beschreibt das in »Mentale Infrastrukturen. Wie das Wachstum in die Welt und in die Seelen kam« wie folgt:

> »Lebenswelten sind nicht nur durch materielle und institutionelle Infrastrukturen bestimmt, sondern auch durch mentale. Vorstellungen über Freiheit, Mobilität, Glück etc. sind ebenso durch historisch spezifische Wirtschafts- und Gesellschaftsformationen geprägt wie etwa Lebenslaufkonzepte und Biographiemuster. [...] Deshalb ist die Wachstumsidee nicht nur in Wirtschaft und Politik verankert, sondern auch im psychischen Aufbau der Menschen, die in den entsprechenden Gesellschaften aufwachsen.« (Welzer, 2011, S. 12, 17).

Solche mentalen Infrastrukturen prägen unbewusst unser Denken und Handeln und erschweren es, sich auf Neues einzulassen (vgl. ebd.). Sie umfassen Vorstellungen und Prägungen, die sich in unserem Alltag perpetuieren. So lange wir in diesen mentalen Infrastrukturen verharren, sind wir kaum fähig, Neues zu denken. Die Idee der Suffizienz ist wohl auch deshalb weder als Leitbild noch als Nachhaltigkeitsstrategie in der Gesellschaft verbreitet, weil die Menschen durch mentale Infrastrukturen des Wachstums geprägt sind. Daher ist die kritische Reflexion solcher Vorstellungen und Prägungen ein zentraler Bestandteil partizipativer Formate, die einen Perspektivenwechsel anstreben, so wie es bei dem von uns entwickelten Zukunftsworkshop der Fall ist.

In dieser Phase des Workshops sollen deshalb Prozesse des aktiven Hinterfragens initiiert werden, welche die oftmals nicht erkennbaren, jedoch wirkungsvollen »Wachstumsdenkmuster« bewusst machen, denn jenseits dieser Denkmuster eröffnen sich auf gesellschaftlicher Ebene neue Wege in die Zukunft.

3.2.3 Soziale Imagination

Lernziele:

- Teilnehmende aktivieren ihre Vorstellungskraft für neue Gesellschaftsentwürfe.
- Teilnehmende entwickeln ein Verständnis vom *Guten Leben.*
- Teilnehmende entwickeln Vorstellungen von suffizienten Zukünften.

Nachdem die Teilnehmenden sich in der vorherigen Phase ihre mit Wachstum verbundenen Denkmuster bewusst gemacht haben, geht es nun um die Imagination von Zukünften. Die neu gewonnene Distanz zu alten Denkmustern regt die soziale Fantasie für neue Gesellschaftsentwürfe an. Es bedarf sozialer Imagination, sich eine Gesellschaft vorzustellen, die nicht auf beständiges Wirtschaftswachstum angewiesen ist. Doch woran sollen wir uns bei der Arbeit an möglichen und wünschenswerten Zukünften orientieren? Die Idee der Suffizienz ist mit den philosophischen Fragen nach dem *Guten Leben* und dem *Rechten Maß* verschränkt. Die Frage nach dem *Guten Leben* ist stets in die Zukunft gerichtet und gibt dadurch jeder Entscheidung in der Gegenwart einen notwendigen Bezugspunkt (Welzer, 2011). In dieser Phase erarbeiten die Teilnehmenden daher einen »Kompass des Guten Lebens« (siehe auch unter 4.4.3 »Einzelarbeit ›Kompass des Guten Lebens‹«), der solche Bezugspunkte setzt und die Teilnehmenden dabei unterstützt, in Richtung suffizienter Zukünfte zu navigieren.

3.2.4 Ins Handeln kommen

Lernziele:

- Teilnehmende identifizieren Hindernisse für suffiziente Zukünfte.
- Teilnehmende entwickeln Handlungsideen auf der Grundlage von Transformationsstrategien, mit denen sie individuell oder kollektiv aktiv werden können.

In der vierten Phase liegt der Fokus auf Transformationsstrategien und Handlungsideen, die die Teilnehmenden als ihre Wege zur Suffizienz identifiziert haben. Im Verständnis der Funktionsweisen sozialen Wandels, wie sie das Kapitel 2 »Suffizienz als Bedingung für Zukunftsfähigkeit« beleuchtet hat, sollen möglichst konkrete Lösungsansätze auf der individuellen wie auch kollektiven Ebene ausgearbeitet und im Plenum diskutiert werden.

4 Praktische Anleitung zur Durchführung des Workshops

Dieses Kapitel dient als Anleitung für alle, die den Workshop »Wege zur Suffizienz« selbst anbieten und leiten wollen. Wir beschreiben die notwendige Vorbereitung, das benötigte Material und die Arbeitsblätter, die verschiedenen Sequenzen innerhalb des Workshops sowie die Anleitungen für die Gruppen- und Einzelarbeiten. Dabei bauen wir auf den in Kapitel 3 »Lernziele und Aufbau des Workshops« geschilderten Workshop-Phasen auf.

4.1 Vorgesehener Rahmen

Zielgruppe

Der Workshop eignet sich für ein Publikum mit oder ohne Vorwissen zum Thema Suffizienz und Nachhaltigkeit. Er richtet sich an Personen ab ca. 15 Jahren. Das Workshopformat kann im Rahmen formaler Bildung in der Schule, Universität oder Fachhochschule wie auch außerschulisch durchgeführt werden. »Wege zur Suffizienz« ist ein Bildungsformat, das sich für vielfältige Durchführungen eignet:

- Schule
- Fachhochschule
- Universität
- Firmen
- Vereine und Nichtregierungsorganisationen
- Im privaten Rahmen

Anzahl der Teilnehmenden

Erfahrungsgemäß eignet sich der Workshop für eine Zahl von 9 bis 30 Teilnehmenden.

Workshopleitung

Wir empfehlen den Workshop zu zweit zu leiten. Dies hat den Vorteil, dass sich die Workshopleitenden in der Moderation je nach Phase oder Sequenz abwechseln können. So kann eine Person moderieren, während die andere Person Materialien verteilt und die Zeit im Auge behält. Zudem können die Kleingruppen während der Gruppenarbeitsphasen zu zweit enger betreut werden. Für geübte Workshopleitende ist die Durchführung auch allein möglich.

Dauer

Der Workshop dauert ca. 3 Stunden (inklusive Pause).

Atmosphäre

Es ist wichtig, eine Atmosphäre zu schaffen, in der sich die Teilnehmenden wohlfühlen und ungestört dem Workshop widmen können. Hierzu einige Tipps:

- Wir empfehlen, Getränke und Verpflegung bereitzustellen, um eine einladende Atmosphäre zu schaffen.
- Um informelle Gespräche zu fördern, empfehlen wir den Raum den Teilnehmenden auch vor und nach dem Workshop für das frühe Ankommen bzw. die Fortsetzung von Diskussionen zur Verfügung zu stellen. Gespräche mit den Workshopleitenden und unter den Teilnehmenden außerhalb des geplanten Ablaufs haben sich als sehr bereichernd erwiesen.
- Die Räumlichkeiten sollen einladend gestaltet sein und eine ruhige Atmosphäre vermitteln. Ein Stuhl-Halbkreis, in dem alle Teilnehmenden einander sehen und hören können, eignet sich am besten für die Sequenzen mit Inputs und Diskussionen im Plenum.

Foto: Dirk Rose

4.2 Der Workshop im Überblick

Die folgende Tabelle (Tab. 3) zeigt den vorgesehenen Ablauf in der grundlegenden Variante des Workshops.

Tab. 3: Ablauf des Workshops. TN=Teilnehmende, WS= Workshop.

Phase	Sequenz	Dauer	Beschreibung
Kennenlernen und Einführung	Start	5′	TN werden begrüßt, die Workshopleitenden stellen sich vor und präsentieren den Ablauf und die Ziele des WS.
	Kennenlernen »Roter Faden«	10′	Mit dem Spiel »Roter Faden« lernen die TN sich gegenseitig kennen.
Wachstum infrage stellen	Input zum Thema Suffizienz	10′	Die TN lernen Suffizienz als Ergänzung zur Effizienz- und Konsistenzstrategie kennen und erfahren, warum eine Kombination der drei Strategien für eine Nachhaltige Entwicklung notwendig ist.
	Denkmuster bewusst machen: Teppich ausschütteln	10′	Mit dieser Aktivität werden wir uns der Denkmuster, die mit Wachstum verbunden sind, bewusst und schütteln sie symbolisch ab.
Soziale Imagination	Einzelarbeit: »Kompass des Guten Lebens«	10′	Der »Kompass des Guten Lebens« fragt nach den Werten, an denen wir uns auf dem Weg in eine wünschenswerte Zukunft orientieren wollen.
	Gruppenbildung um Gesellschaftsbereiche	5′	Die TN wählen Gesellschaftsbereiche, mit denen sie sich beschäftigen wollen, und finden sich dadurch zu Gruppen zusammen.
	Gruppenarbeit: »Wege zur Suffizienz« Teil 1	30′	In den Gruppen setzen sie sich mit der Ist-Situation in ihrem Gesellschaftsbereich auseinander und entwickeln gemeinsam Visionen für das Jahr 2050.
	Pause	*15′*	*Pause*
Soziale Imagination	Input zu Transformationsstrategien	10′	Die TN lernen verschiedene Strategien kennen, die schon zu gesellschaftlichen Veränderungen geführt haben.
	Gruppenarbeit: »Wege zur Suffizienz« Teil 2	30′	Im zweiten Teil der Gruppenarbeit identifizieren die TN Hindernisse auf dem »Weg zur Suffizienz« und entwickeln Handlungsideen.
	Gemeinsam den Weg abschreiten	10′	Die TN lernen die Gedanken und Ideen der anderen Gruppen kennen, indem sie den »Weg zur Suffizienz« ablaufen. Es gibt Zeit für Diskussionen über Gemeinsamkeiten und Besonderheiten.
Ins Handeln kommen	Einzelarbeit: »Ins Handeln kommen«	10′	Die TN leiten konkrete Handlungsschritte ab, die sie umsetzen können.
	Ins Handeln kommen: Diskussion und Reflexion	15′	Die TN tauschen sich im Plenum über ihre Vorhaben für Suffizienz aus. Ziel ist es, mögliche Synergien zu identifizieren und die Zusammenarbeit in gemeinsamen Projekten außerhalb des WS zu fördern.
	Abschluss	10′	Die TN reflektieren den Workshop gemeinsam und tauschen sich darüber aus, was sie daraus mit nach Hause nehmen.

4.3 Vorbereitung des Workshops

Die Vorbereitungen sollten mindestens zwei Monate vor dem Workshop beginnen. Im Folgenden beschreiben wir die vorbereitenden Aufgaben und spezifizieren die zu besorgenden Workshopmaterialien.

4.3.1 Vorbereitende Aufgaben

Zwei Monate davor

- Falls nötig: Suche eines geeigneten Raumes
- Falls nötig: Den Workshop über verschiedene Kanäle bewerben (z. B. online, Flyer, Plakate)

Einen Monat davor

- Die Workshopleitung befasst sich vertieft mit den Inhalten des Workshops.
- Die Teilnehmenden werden über die Eckdaten des Workshops informiert (Ort, Anfangszeit, Dauer, Thema).
- Die Verpflegung organisieren. Intern absprechen oder extern beauftragen.

Eine Woche davor

- Workshopmaterialien besorgen und ausdrucken
- Den Ablauf des Workshops verinnerlichen
- Sich mit der Co-Workshopleitung absprechen

Einen Tag davor oder am Workshoptag

- Den Raum einrichten: Stationen aufbauen, Stuhl-Halbkreis
- Benötigte Materialien bereitlegen

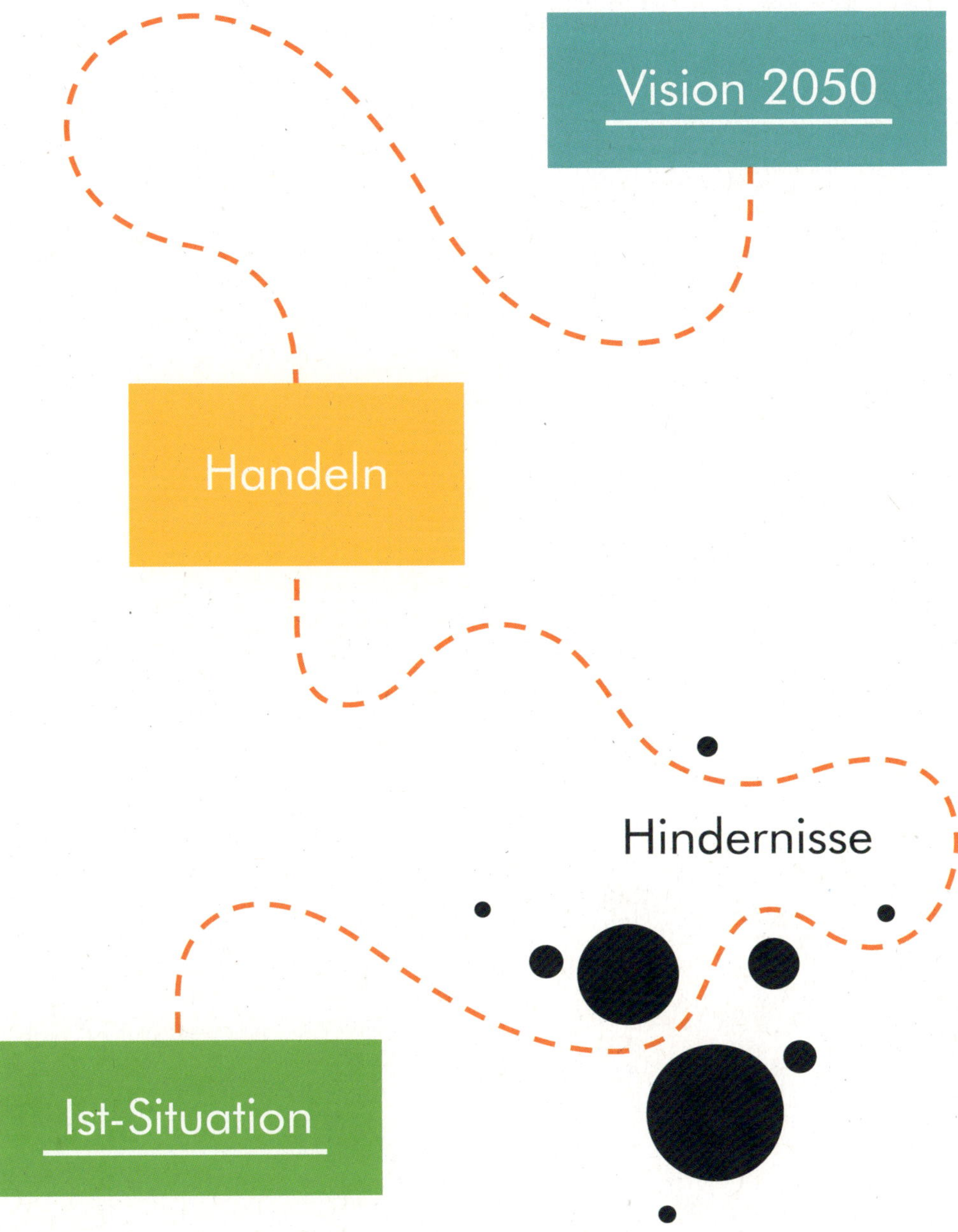

Abb. 13: Möglicher Aufbau der Stationen im Raum

4.3.2 Workshopmaterialien

Allgemeine Workshopmaterialien

- Beamer und Laptop
- Stühle für einen Stuhlhalbkreis
- Tische zum Arbeiten
- Etiketten für Namensschilder
- Blätter mit Überschriften, um die einzelnen Stationen des »Weges zur Suffizienz« zu kennzeichnen

- Ablauf des Workshops im Überblick (Hilfestellung für die Workshopleitung)
- Optional: Malertape oder Ähnliches, um den »Weg zur Suffizienz« auf dem Fußboden zu kennzeichnen

Tab. 4: Workshopmaterialien nach Workshopsequenzen

Phase	Sequenz	Benötigte Workshopmaterialien
Kennenlernen und Einführung	Start	• Präsentation (PDF)
	Kennenlernen »Roter Faden«	• Präsentation (PDF) • rotes Seil oder rote Wolle
Wachstum infrage stellen	Input zum Thema Suffizienz	• Präsentation (PDF)
	Denkmuster bewusst machen: Teppich ausschütteln	• Präsentation (PDF) • Teppich, Decke oder großes Tuch • Stifte mit breitem Strich • Moderationskarten
Soziale Imagination	Einzelarbeit: »Kompass des Guten Lebens«	• Präsentation (PDF) • Stifte mit feinem Strich • Arbeitsblatt »Kompass des Guten Lebens/ Ins Handeln kommen« • Liste von Werten, die dann als Werte-Schnipsel als Inspiration dienen
	Gruppenbildung um Gesellschaftsbereiche	• Präsentation (PDF) • Titelblätter der Gesellschaftsbereiche für die Gruppenbildung (als Vorschläge vorgegeben) • Leere Blätter (A4) für zusätzliche Gesellschaftsbereiche
	Gruppenarbeit »Wege zur Suffizienz« Teil 1	• Präsentation (PDF) • Stifte mit breitem Strich • Arbeitsblatt »Ist-Situation« und »Vision 2050« • Befestigungsmittel (z. B. Klebestreifen), um die Arbeitsblätter der Arbeitsgruppen aufzuhängen • Optional: 2 große Stellwände zum Anbringen der »Ist-Situation« und »Vision 2050«
Soziale Imagination	Input zu Transformationsstrategien	• Präsentation (PDF)
	Gruppenarbeit »Wege zur Suffizienz« Teil 2	• Stifte mit breitem Strich • Haftnotizen • Optional: Holzblock, Trittleiter oder ähnlicher Gegenstand, der ein Hindernis auf dem »Weg zur Suffizienz« symbolisiert
	Gemeinsam den Weg abschreiten	• Präsentation (PDF)
Ins Handeln kommen	Einzelarbeit: »Ins Handeln kommen«	• Präsentation (PDF) • Stifte mit feinem Strich • Arbeitsblatt »Kompass des Guten Lebens/ Ins Handeln kommen«
	Ins Handeln kommen: Diskussion und Reflexion	• Präsentation (PDF)
	Abschluss	• Präsentation (PDF)

Die Materialien zum Ausdrucken sowie die Präsentation können auf der Website zu diesem Buch beim oekom Verlag kostenlos heruntergeladen werden: www.oekom.de/suffizienz-download

4.4 Ablauf des Workshops

4.4.1 Kennenlernen und Einführung

Start

Dauer: 5 Minuten
Material: Präsentation, Folien 1 bis 3

Zu Beginn ist es wichtig, eine angenehme Atmosphäre zu schaffen, damit sich alle Teilnehmenden wohlfühlen. Dazu trägt auch die Vorstellung der Moderierenden und die Kommunikation der Workshop-Ziele und des Ablaufs bei. So wissen die Teilnehmenden, was sie im Workshop erwartet.

Anleitung:
Die Workshopleitung begrüßt die Teilnehmenden, die im Stuhlkreis sitzen, stellt sich vor und präsentiert die Ziele und den Ablauf des Workshops.

Kennenlernen »Roter Faden«

Dauer: 10 Minuten
Material: Präsentation, Folie 4, rotes Seil

Die Kennenlernaktivität dient dazu gegenseitiges Vertrauen und eine positive Gruppenatmosphäre zu Beginn des Workshops zu schaffen. Dies erleichtert die Kommunikation und wirkt sich positiv auf die Zusammenarbeit im Verlauf des Workshops aus. Durch die vage gehaltene Frage nach einem roten Faden in ihrem Leben können die Teilnehmenden selbst entscheiden, was und wie viel sie über sich mitteilen möchten.

Anleitung:
Die Teilnehmenden sitzen im Stuhlkreis, die Workshopleitung steht vor den Teilnehmenden mit dem roten Seil in der Hand. Sie fragt: »Was zieht sich wie ein roter Faden durch dein Leben?« Dies können z. B. Aktivitäten, Themenfelder oder Werte sein. Die Workshopleitung beginnt, indem sie ihren Namen und ihren »roten Faden« nennt. Findet eine Person, die im Stuhlkreis sitzt, einen Anknüpfungspunkt im Gesagten, stellt sie sich neben die erste Person, nimmt das Seil in die Hand und stellt sich ebenfalls mit ihrem roten Faden vor. Das geht so lange weiter, bis alle Teilnehmenden das Seil in der Hand halten und zusammen im Raum stehen. Bei großen Gruppen achtet die Workshopleitung auf die Sprechzeit der Teilnehmenden und begrenzt sie gegebenenfalls. Die Aktivität sollte nicht länger als 10 Minuten dauern.

Alternative Kennenlernaktivität: »Soziometrische Aufstellung«

Dauer: 10 Minuten
Material: Präsentation, Folie 5

Für Gruppen, in denen sich die Teilnehmenden bereits kennen, empfehlen wir die Aktivität »soziometrische Aufstellung«. Ziel dieser Aktivität ist es, die Teilnehmenden zu aktivieren und spielerisch an ihr Vorwissen anzuknüpfen.

Anleitung:

Die Workshopleitung stellt Fragen, welche die Teilnehmenden nicht verbal, sondern durch ihre Positionierung im Raum beantworten. Die Workshopleitung gibt die Skala im Raum vor, z. B. »volle Zustimmung« links im Raum und »keine Zustimmung« rechts im Raum.

Beispiele für geeignete Fragen:

Frage	Skala
Wie denkst du sieht die Welt in 20 Jahren aus?	Schlechter … besser
Kannst du die Veränderungen in der Welt in den nächsten 20 Jahren beeinflussen?	Kein Einfluss … großer Einfluss
Hast du schon mal etwas von Suffizienz gehört?	Noch nie … sehr oft

4.4.2 Wachstum infrage stellen

Input zum Thema Suffizienz

Dauer: 10 Minuten
Material: Präsentation, Folien 6 bis 20

Mit dem Input wird Suffizienz neben Effizienz und Konsistenz als Strategie der Nachhaltigen Entwicklung eingeführt und es wird begründet, weshalb für eine Nachhaltige Entwicklung die drei Strategien kombiniert werden müssen. Die Teilnehmenden benötigen die hier vermittelten Grundlagen, um die späteren Gruppen- und Einzelarbeiten bearbeiten zu können (siehe auch 2 »Suffizienz als Bedingung für Zukunftsfähigkeit«).

Anleitung:
Die Workshopleitung führt den Input mithilfe der Präsentation durch. Die Teilnehmenden werden daran erinnert, dass sie Verständnisfragen stellen können. Die Inhalte und Zusammenhänge, welche in der Präsentation vermittelt werden, sind in Kapitel 2 »Suffizienz als Bedingung für Zukunftsfähigkeit« erklärt. Die Präsentation folgt der dortigen Argumentation.

Foto: Dirk Rose

Denkmuster bewusst machen: Teppich ausschütteln

Dauer: 10 Minuten
Material: Präsentation, Folien 21 bis 23, Teppich, Moderationskarten, Stifte breit

Der vorangehende Input endet mit verschiedenen Herausforderungen für die Umsetzung von Suffizienz. Dazu gehört der systemische Wachstumszwang. Die Vorstellung, dass alles unaufhaltsam wachsen kann und soll, ist in unserem Alltag omnipräsent. Sie umgibt uns täglich, beispielsweise in Form von Werbung, die noch die letzten Reservate ungelenkter Aufmerksamkeit erobert, um immer neue Bedürfnisse zu schaffen. Es liegt also nahe, dass wir das Dogma des Wachstums verinnerlicht haben, dass es Teil unserer Denkmuster geworden ist. Mit dieser Aktivität wollen wir uns dieser Denkmuster bewusst werden und sie symbolisch abschütteln. Der gemeinsame Akt des »Abschüttelns« soll den Teilnehmenden vermitteln: Hier ist es erlaubt, sich vom Wachstumszwang zu lösen und sich eigene Gedanken zu machen über die Frage, was sie wertschätzen und was in dieser Welt wachsen oder nicht wachsen soll.

Anleitung:
Die Teilnehmenden werden gebeten, alltägliche mit Wachstum verbundene Denkmuster, die sie an sich selbst oder anderen im Alltag beobachten, auf Moderationskarten zu schreiben (eines pro Karte). Danach werden sie eingeladen, die notierten Denkmuster laut vorzulesen und auf den Teppich zu werfen. Wer nicht vorlesen möchte, wirft die Kärtchen lautlos auf den Teppich. Nun ergreifen alle Teilnehmenden zusammen die Teppichränder und schütteln den Teppich mit aller Kraft aus, bis alle Karten vom Teppich geflattert sind. Erfahrungsgemäß sorgt diese Aktion für eine gelöste und heitere Stimmung.

Foto: Dirk Rose

4.4.3 Soziale Imagination

Einzelarbeit »Kompass des Guten Lebens«

Dauer: 10 Minuten
Material: Präsentation, Folie 24, Arbeitsblatt »Kompass des Guten Lebens/Ins Handeln kommen«, Werte-Schnipsel, Stifte fein

Mit dieser Übung sollen sich die Teilnehmenden bewusst machen, was ihnen im Leben wichtig ist und an welchen Werten sie sich bei der Mitgestaltung einer suffizienten Zukunft orientieren wollen. Wenn die Auseinandersetzung mit Werten zu abstrakt wird, kann der

Hinweis an die Teilnehmenden helfen, dass sie an Dinge denken sollen, die nach ihrer Vorstellung weiter bzw. nicht weiter wachsen sollen und warum sie das so beurteilen. Das »Warum« erleichtert dann den Zugang zu den eigenen Wertvorstellungen. Zusätzlich liegen zur Inspiration »Werte-Schnipsel« aus.

Anleitung:
Die Workshopleitung fordert die Teilnehmenden auf einen »Kompass des Guten Lebens« zu erstellen. Dafür dient das Arbeitsblatt »Kompass des Guten Lebens« und ein feiner Stift. Die Workshopleitung bittet die Teilnehmenden, sich in Einzelarbeit zu überlegen, an welchen Werten sie sich auf dem »Weg zur Suffizienz« orientieren wollen. Dafür stellt die Workshopleitung zudem zwei Hilfestellungen bereit:

1. Die Frage »Was soll wachsen, was nicht?«, die auf der Folie eingeblendet ist.
2. Werte-Schnipsel, die zur Inspiration allgemein sichtbar ausgelegt sind. Das sind auf Papierstreifen geschriebene Wörter, die grundlegende Wertvorstellungen bezeichnen.

Die Werte, an denen sich die Teilnehmenden selbst orientieren wollen, schreiben sie auf ihren »Kompass des Guten Lebens«. Der Kompass wird in der anschließenden Gruppenarbeit als Orientierungshilfe dienen.

Gruppenbildung um Gesellschaftsbereiche

Dauer: 5 Minuten
Material: Präsentation, Folie 25, Titelblätter für Gesellschaftsbereiche auf A4-Blättern, leere A4-Blätter für zusätzlich vorgeschlagene Gesellschaftsbereiche

Für die Diskussion der Ist-Situation und die Entwicklung von Ideen zu Visionen und Handlungen ist es hilfreich, wenn sich die Teilnehmenden mit möglichst konkreten Themen beschäftigen. Die Wahl eines Gesellschaftsbereichs wie z. B. »Mobilität«, »Arbeit« oder »Stadtentwicklung« leistet diese Konkretisierung und wirkt zudem motivierend, da die Teilnehmenden entweder ihrem persönlichen Interesse folgen oder sich bewusst für ein ihnen weniger bekanntes Thema entscheiden können. Die Wahl des Gesellschaftsbereichs dient gleichzeitig der Gruppenbildung für die anschließende Gruppenarbeit.

Anleitung:
Zur Gruppenbildung legt die Workshopleitung einige Titelblätter der Gesellschaftsbereiche aus. In den ausdruckbaren Materialien zum Workshop sind die Themen »Wohnen«, »Mobilität«, »Ernährung«, »Konsum«, »Arbeit«, »Gesundheit«, »Bildung«, »Information und Kommunikation«, »Quartier- und Stadtentwicklung«, »Demokratie«, »Sorgearbeit« sowie »Freizeit« vorhanden. Diese Auswahl kann von der Workshopleitung je nach Vorwissen der Gruppe oder auch zur Setzung von Themenschwerpunkten eingeschränkt oder erweitert

werden. Zudem empfehlen wir, leere Blätter auszulegen, um es den Teilnehmenden zu ermöglichen, eigene Gesellschaftsbereiche vorzuschlagen. Wenn das »Angebot« an Themen feststeht, bittet die Workshopleitung die Teilnehmenden, sich zu dem Gesellschaftsbereich hinzustellen, zu dem sie anschließend in einer Kleingruppe arbeiten wollen. Bei sehr ungleicher Verteilung müssen gegebenenfalls Gesellschaftsbereiche zusammengelegt oder Teilnehmende für die Bildung einer Gruppe für einen zusätzlichen Gesellschaftsbereich motiviert werden. Die ideale Gruppengröße liegt bei 2 bis 4 Personen.

Gruppenarbeit »Wege zur Suffizienz« Teil 1

Dauer: 30 Minuten
Material: Präsentation, Folie 26, Arbeitsblatt »Kompass des Guten Lebens/Ins Handeln kommen«, »Ist-Situation«, »Vision 2050«, Stifte breit, Klebeband/Pins, optional: 2 Stellwände

Nachdem sich die Teilnehmenden der neugebildeten Kleingruppe näher kennengelernt haben, vergegenwärtigen sie sich die »Ist-Situation« ihres Gesellschaftsbereichs und entwickeln zusammen Visionen für das Jahr 2050.

Anleitung:
Die Workshopleitung führt in die Gruppenarbeit ein und lässt die Gruppen dann ungestört die Aufgaben bearbeiten, steht aber für Fragen immer zur Verfügung. Die Einführung enthält folgende Instruktionen:

- die Aufforderung, dass zum gegenseitigen Kennenlernen jedes Gruppenmitglied den eigenen »Kompass des Guten Lebens« den anderen kurz vorstellt;
- wo die Stationen und Arbeitsblätter im Raum zu finden sind;
- den Auftrag an die Gruppen, dass jede Gruppe
  - sich Gedanken zur »Ist-Situation« ihres Gesellschaftsbereichs macht,
  - eine gemeinsame Vision für das Jahr 2050 entwickelt,
  - beide Ergebnisse in Form von Stichworten und evtl. auch Skizzen an den vorgesehenen Stellwänden, Wänden oder Fenstern anbringt, um sie für alle Teilnehmenden sichtbar zu machen.

Die Workshopleitung steht während der Gruppenarbeit für Fragen zu Verfügung.

Input zu Transformationsstrategien

Dauer: 10 Minuten
Material: Präsentation, Folien 28 bis 33

Mit diesem Input lernen die Teilnehmenden, wie gesellschaftliche Veränderungsprozesse (Transformationen) ablaufen und welche prinzipiellen Möglichkeiten sie haben, etwas dazu beizutragen. Die Teilnehmenden benötigen das hier vermittelte Wissen, um die folgenden Gruppen- und Einzelarbeiten bearbeiten zu können (siehe auch 2.3 »Wie kommt der Wandel in die Welt?«).

Anleitung:
Die Workshopleitung präsentiert den Inhalt und ermuntert die Teilnehmenden, bei Bedarf Verständnisfragen zu stellen.

Gruppenarbeit »Wege zur Suffizienz« Teil 2

Dauer: 30 Minuten
Material: Präsentation, Folie 34, Teppich, Rotes Seil, Moderationskarten, Haft-Notizzettel, Stifte breit, optional: Hindernis

Auf dem Weg in eine suffiziente Zukunft begegnen wir Hindernissen. Wir können Hindernisse nur überwinden, wenn wir sie uns bewusst machen. Im zweiten Teil der Gruppenarbeit identifizieren die Teilnehmenden aus ihrem Erfahrungshintergrund heraus Hindernisse auf dem »Weg zur Suffizienz« und entwickeln Ideen für mögliche Handlungen auf diesem Weg. Die Transformationsstrategien nach Wright, die durch den vorausgegangenen Input eingeführt wurden, bilden hierfür einen Rahmen, der die Teilnehmenden bei der Ideenfindung unterstützt und auf Handlungsideen abzielt, die über individuelle Verhaltensänderungen hinausgehen.

Anleitung:
Der Teppich (bzw. die Decke / das Tuch) dient nun als Ort, an dem die Handlungsideen gesammelt werden. Dazu legt die Workshopleitung das rote Seil auf dem Teppich so aus, dass drei Teile entstehen, die mit den drei Transformationsstrategien nach Wright gekennzeichnet werden. Nach dieser Vorbereitung des Teppichs führt die Workshopleitung in den zweiten Teil der Gruppenarbeit ein: Die Teilnehmenden sollen Hindernisse, die sich auf dem »Weg zur Suffizienz« befinden, identifizieren, als Haftnotizen festhalten und auf ein Hindernis kleben. (Falls physische Hindernisse nicht vorhanden sind, auf andere Weise auf dem »Weg« anbringen). Danach sollen die Gruppen Ideen für mögliche Handlungen entwickeln, überlegen, zu welcher Transformationsstrategie nach Wright diese gehören, sie auf Moderationskarten festhalten und schließlich an korrekter Stelle auf dem Teppich platzieren. Die Workshopleitung steht während der Gruppenarbeit für Fragen zu Verfügung.

Gemeinsam den Weg abschreiten

Dauer: 10 Minuten
Material: Präsentation, Folie 35

Nachdem die Teilnehmenden etwa eine Stunde lang in ihrer Gruppe diskutiert haben, sollen sie nun die Gelegenheit haben, Gedanken und Ideen der anderen Gruppen kennenzulernen und sich über Gemeinsamkeiten und Auffälligkeiten auszutauschen. Zudem soll diese Aktivität dafür sorgen, dass die Teilnehmenden vor der kommenden Sequenz »Ins Handeln kommen« möglichst viele Handlungsideen von anderen Gruppen hören und sich davon inspirieren lassen.

Anleitung:
Die Teilnehmenden werden gebeten, in ihrem eigenen Tempo den »Weg zur Suffizienz« abzulaufen und sich danach wieder im Halbkreis im Plenum zu versammeln. Hier werden nun Gemeinsamkeiten und Auffälligkeiten diskutiert.

Alternative Variante zur Gruppenarbeit »Wege zur Suffizienz«:

»Suffizienz-Roadmap« auf Papier

Dauer: 2 × 30 Minuten, 1 × 10 Minuten
Material: »Suffizienz-Roadmap« im A0- oder A3-Format, Stifte breit, Arbeitsblatt »Kompass des Guten Lebens/Ins Handeln kommen«

Statt die Gruppenarbeit an Stationen im Raum durchzuführen, kann sie auch durch Ausfüllen der »Suffizienz-Roadmap« (ein ausfüllbares Poster im A0-Format), durchgeführt werden.

Anleitung:

Die Gruppen haben nun zweimal eine halbe Stunde Zeit, diese »Suffizienz-Roadmap« auszufüllen, analog zur Gruppenarbeit im Raum. Für ihre Zeiteinteilung beim Ausfüllen der Felder sind die Gruppen selbst zuständig. Statt dem gemeinsamen Ablaufen des Wegs stellt jede Gruppe ihr Poster den anderen Gruppen vor.

4.4.4 Ins Handeln kommen

Einzelarbeit »Ins Handeln kommen«

Dauer: 10 Minuten
Material: Präsentation, Folie 36, Arbeitsblatt »Kompass des Guten Lebens/Ins Handeln kommen«, Stifte fein

Wir haben den vorliegenden Workshop in verschiedenen Varianten und Längen durchgeführt. Dabei hat sich gezeigt, wie wichtig es den Teilnehmenden ist, ins Handeln zu kommen und zu ersten Schritten in Richtung einer suffizienten Zukunft ermutigt zu werden. Ohne diesen Teil ließ der Workshop (in einer früheren Variante) die Teilnehmenden unzufrieden und mutlos zurück. Sie bekamen nicht ausreichend neue Impulse, wie sie selbst zur Verbesserung der Situation beitragen können. Genau darum geht es in diesem Teil: Aus den Diskussionen und gewonnenen Erkenntnissen sollen die Teilnehmenden konkrete Handlungsschritte ableiten, die sie umsetzen können, im Idealfall gemeinsam.

Anleitung:

Die Workshopleitung fordert die Teilnehmenden dazu auf, mithilfe des Arbeitsblattes »Ins Handeln kommen« (Rückseite des Arbeitsblattes »Kompass des Guten Lebens«) konkrete Handlungsschritte zu entwickeln. Dabei sollen die Teilnehmenden drei Fragen beantworten:

- Was ist mir wichtig? Welche Idee (oder welches bestehende Projekt) möchte ich aktiv angehen?
- Was kann ich gut und was macht mir Freude?
- Was sind die konkreten nächsten Schritte, mit denen ich beginnen werde?

Zusätzliche Option: Eine Postkarte an sich selbst schreiben

Dauer: 10 Minuten
Material: Präsentation, Folie 38, Postkarten, Briefmarken, Stifte fein

Die Teilnehmenden schreiben eine Postkarte an sich selbst, welche ihnen von der Workshopleitung ca. acht Wochen später zugestellt wird. Auf der Postkarte fragen sie bei sich selbst nach, wie es mit der Umsetzung ihrer Handlungsidee und den sich vorgenommenen konkreten Schritten steht.

Ins Handeln kommen: Diskussion und Reflexion

Dauer: 10 Minuten
Material: Präsentation, Folie 37, Arbeitsblatt »Kompass des Guten Lebens/Ins Handeln kommen«

Die Teilnehmenden sollen ihre Vorhaben mit der gesamten Gruppe teilen können. Das schafft Motivation, indem sich alle als Teil einer gemeinsamen Aktivität fühlen. Zudem soll der Austausch Synergien und Chancen auf mögliche Zusammenarbeit sichtbar machen. Im Idealfall beginnen Teilnehmende, mit anderen gemeinsam Aktivitäten zu planen, die über den Workshop hinausgehen.

Anleitung:
Die Workshopleitung fordert die Teilnehmenden auf, ihre geplanten nächsten Handlungsschritte dem Plenum mitzuteilen und moderiert die Diskussion dazu. Gemeinsam werden Synergien und Möglichkeiten zur Zusammenarbeit gesucht.

4.4.5 Abschluss

Dauer: 10 Minuten
Material: Präsentation, Folie 39

Zum Schluss reflektieren die Teilnehmenden gemeinsam im Plenum den gesamten Workshop. Das Feedback der Teilnehmenden ist eine wichtige Information für die Workshopleitung, die bei einer nächsten Durchführung des Workshops berücksichtigt werden soll.

Anleitung:

Die Workshopleitung bittet die Teilnehmenden mitzuteilen, was ihnen am Workshop gefallen hat und welche Änderungsvorschläge sie haben. Auch offene Fragen sind nun willkommen und sollen gemeinsam geklärt werden. Abschließend bedankt sich die Workshopleitung für die Teilnahme und verabschiedet die Teilnehmenden.

5 Der Workshop im Bildungskontext: Bildung für Nachhaltige Entwicklung und Bildung für Zukünfte

Der Zukunftsworkshop »Wege zur Suffizienz« ist ein Bildungsformat. Der Workshop vermittelt Wissen zu Suffizienz und gesellschaftlicher Transformation, das zum Handeln inspirieren soll. Er erläutert den Teilnehmenden die Zusammenhänge zwischen Wirtschaftswachstum und sozial-ökologischen Krisen und führt Suffizienz als eine bisher vernachlässigte Nachhaltigkeitsstrategie ein. Ausgehend davon befähigt das partizipative Format die Teilnehmenden, individuelles und gesellschaftliches Handeln in Richtung suffizienter Zukünfte anzustoßen. Thematisch bezieht sich der Workshop dabei stets auf das Leitbild der Suffizienz und das Konzept einer gestaltbaren Zukunft und damit auf Zukünfte im Plural.

5.1 Von Zukunft zu Zukünften

Der Plural »Zukünfte« ist in der Umgangssprache ungewohnt, wird im heutigen Zukunftsdiskurs aber bewusst verwendet.

Im Zuge der Bürgerbewegungen der 60er-Jahre (u. a. Friedensbewegung, Frauenbewegung, ökologische Bewegung) mit ihren emanzipatorischen Bestrebungen demokratisierten sich die »Generierungsformen von Zukunft« (Hölscher, 2016, S. 293). Der Zukunftsforscher Robert Jungk (1991) entwickelte partizipative Zukunftswerkstätten nach dem Motto: »Betroffene zu Beteiligten machen«. Aus der Überzeugung heraus, dass Zukunft uns alle angeht und die Auseinandersetzung mit ihr nicht an Politiker:innen oder Wissenschaftler:innen delegierbar ist, realisierte Jungk Zukunftswerkstätten auf der ganzen Welt. Unser Zukunftsworkshop »Wege zur Suffizienz« setzt als ebenfalls partizipatives Format an Jungks immer noch aktueller Idee an, setzt aber andere Schwerpunkte.

Spricht man explizit von »Zukünften«, wird bewusst, dass es nicht die eine notwendige, also zwangsläufig eintretende, Zukunft gibt, sondern vielfältige Zukunftsszenarien (Kosow & Gaßner, 2008, S. 12). Der Plural unterstreicht die prinzipielle Offenheit und Gestaltbarkeit zukünftiger Entwicklungen. Der Ausdruck »Zukünfte« verweist somit auf die Gestaltungs- und Handlungsmacht der Menschen, die zukünftige Entwicklungen individuell wie gesellschaftlich mitprägen.

Im Zukunftsworkshop »Wege zur Suffizienz« zeigen sich Zukünfte eindrücklich in der Vielfalt der Vorstellungen, wie »die Zukunft« aussehen soll, insbesondere dann, wenn zum Schluss die Ergebnisse der Teilnehmende als Darstellungen verschiedener Zukünfte vorliegen. Die stets vielfältigen und fantasievollen Workshopergebnisse machen deutlich, wie wichtig die soziale Imagination von Zukünften ist. Die erfolgreichen Durchführungen des Workshops mit Kindern, Studierenden, Senior:innen und Erwachsenen mit verschiedenen Hintergründen haben in unserem Projekt die Bedeutung des gemeinsamen Imaginierens, verstanden als das Erfinden von Zukünften, mehrfach bestätigt.

Im Workshop verknüpfen wir soziale Imagination bewusst mit dem Leitbild der Suffizienz, da dieses im Nachhaltigkeitsdiskurs bisher zu wenig berücksichtigt ist. Als Folge der thematischen Verschränkung von Suffizienz und Zukünften ordnet sich das Format »Wege zur Suffizienz« zugleich in zwei inhaltliche Bildungskontexte ein:

1. Bildung für Nachhaltige Entwicklung (siehe auch 5.2 »Bildung für Nachhaltige Entwicklung«)
2. Bildung für Zukünfte (siehe auch 5.3 »Bildung für Zukünfte«)

Als Bildungsformat kann »Wege zur Suffizienz« zu beiden Bildungskontexten beitragen. In diesem Sinne ist es sowohl an Diskurse der Nachhaltigen Entwicklung als auch der partizipativen Zukunftsforschung anschlussfähig.

Inhalte und Anliegen der Bildung für Nachhaltige Entwicklung und der Bildung für Zukünfte sind disziplinär vielfältig und können in verschiedene Lehrfächer integriert werden. Daher können Workshopleitende mit diversen Erfahrungshintergründen und unterschiedlich ausgeprägtem Wissen den Workshop durchführen. Diese Publikation soll sie befähigen, sich auf die Durchführung des Workshops vorzubereiten, ohne dass extensives Fachwissen vorausgesetzt wird. Für die Einordnung in den Bildungskontext werden nachfolgend die Umrisse der Bildung für Nachhaltige Entwicklung und der Bildung für Zukünfte skizziert.

5.2 Bildung für Nachhaltige Entwicklung

Mit unserem partizipativen Format schaffen wir einen Rahmen, in dem die Teilnehmenden über Zukunftsfähigkeit nachdenken und diskutieren können. Der Workshop soll sie ermutigen und befähigen, einen Beitrag zu einer suffizienten Zukunft und damit zu einer Nachhaltigen Entwicklung zu leisten. Damit ordnen wir uns in der Bildung für Nachhaltige Entwicklung (BNE) ein, die dieses zum Ziel hat. Wir schließen hier eine Lücke, da Suffizienz bisher als Bildungsthema unterberücksichtigt ist (Schild et al., 2020).

Bereits auf der UNO-Konferenz über die menschliche Umwelt 1972 in Stockholm wurde die Notwendigkeit einer Bildung artikuliert, welche den weltweiten Dialog über Umweltprobleme fördert. Die Idee, dass die Bildung für das Erreichen einer Nachhaltigen Entwicklung eine wichtige Rolle spielen soll, wurde in den kommenden Dekaden weitergeführt und gestärkt. In der Agenda 21, welche am »Erdgipfel« der UNO 1992 in Rio de Janeiro verabschiedet wurde, wird Bildung als eines der zentralen Handlungsfelder für eine Nachhaltigen Entwicklung benannt. Um BNE weltweit zu fördern, wurde von der UNESCO 2005 die UN-Dekade der Bildung für Nachhaltige Entwicklung ausgerufen. Aufbauend auf die Erfolge und Lektionen aus der UN-Dekade wurde von der UNO anschließend das Weltaktionsprogramm zur Bildung für Nachhaltige Entwicklung initiiert, um die Implementierung von BNE weiter zu fördern. Zudem wurde BNE in den Zielen für Nachhaltige Entwicklung (SDGs), insbesondere in Ziel 4.7, fest verankert, was die zentrale Rolle von BNE in der globalen Bildungsagenda bis 2030 und darüber hinaus stärken soll (Fachkonferenz Umweltbildung, 2014).

In der Schweiz, wie auch global, hat sich die BNE stetig weiterentwickelt und ist ein integraler Bestandteil des Bildungssystems geworden. Das nationale Kompetenz- und Dienstleistungszentrum für BNE in der Schweiz, éducation21, hält fest, dass ein BNE-Lernprozess auf einer Wissens-, Gefühls- und Handlungsebene stattfinden soll (éducation21, 2016). Auch wir arbeiten in unserem Workshop mit diesem Dreiklang, indem wir die Teilnehmenden ermutigen, Wissen über Nachhaltigkeit und Nachhaltigkeitsstrategien aufzubauen und Zusammenhänge zu erschließen, beim Visionieren über das *Gute Leben* für alle zu motivieren und schließlich über Handlungen für Suffizienz nachzudenken. In unserem Workshop werden zusammengefasst folgende zentrale Kompetenzen der BNE adressiert:

- Vorausschauendes Denken,
- Reflexion des Handelns,
- sich in andere Menschen hineinversetzen und ihre Perspektiven einnehmen können,
- sich Wissen über Zukunftsfähigkeit aneignen,
- Beteiligung an gesellschaftlichen Entscheidungsprozessen.

Zudem werden auf der methodischen Ebene durch die partizipative Gestaltung und die Anknüpfung an die Alltags- und Lebenswelt der Teilnehmenden wichtige BNE-Kriterien erfüllt (éducation21, 2018).

5.3 Bildung für Zukünfte

Die ökologischen Krisen haben ein globales Ausmaß angenommen. Zudem ist die Informations- und Wissensgesellschaft, in der wir leben, von weiteren Unsicherheiten und Diskontinuitäten gekennzeichnet. Die Digitalisierung und insbesondere die Ausbreitung von Künstlicher Intelligenz in viele Bereiche des täglichen Lebens hat zur Folge, dass wir die zukünftigen Lebensumstände und Berufe, auf die wir Kinder und Jugendliche heute vorbereiten, womöglich noch gar nicht kennen.

Unter diesen dynamischen Vorzeichen ist der Umgang mit einer ungewissen Zukunft zu einem zentralen Anliegen der Bildungspolitik geworden. Was müssen wir also lernen, damit wir selbst wie auch künftige Generationen Zukunft gestalten können?

Eine Antwort darauf gibt unter anderem das Konzept der *Future Skills* oder Zukunftskompetenzen. Sie umfassen Wissen, Haltungen, Werte und Fähigkeiten, die darauf abzielen, Lernende auf eine offene Zukunft (eigentlich auf Zukünfte) vorzubereiten – im Wissen, dass zukünftige Herausforderungen neu und potenziell noch einschneidender als die heutigen sein werden (Kotsiou et al., 2022, S. 171). *Future Skills* umfassen zum Beispiel solche Zukunftskompetenzen wie allgemeines Problemlösen, Kommunikation, Kreativität, kritisches Denken und Kollaboration. Aktuell zählt eine vergleichende Studie insgesamt 99 Rahmenkonzepte für *Future Skills* und unglaubliche 341 Zukunftskompetenzen auf (ebd.).

Die sich neu formierende *Futures Literacy* fokussiert anders als die zahlreichen Zukunftskompetenzen der *Future Skills* auf nur eine Kompetenz, nämlich die »Zukunftskompetenz« an sich. *Futures Literacy* ist gemäß Michael Shamiyeh, UNESCO Chair for Anticipatory Techniques and Future Design, »die Fähigkeit, Vorstellungen über mögliche Zukünfte zu nutzen, um im Hier und Jetzt verantwortungsbewusst zu handeln« (Shamiyeh, 2023,

S. 21). Die in der letzten Dekade geformten Begriffe *Zukünftebildung* oder *Bildung für Zukünfte* entsprechen im deutschsprachigen Raum der *Futures Literacy*, die seit 2012 durch die UNESCO entwickelt wird. *Futures Literacy* ergänzt Bildungskonzepte um die zentrale Kompetenz der Zukunftsgestaltung und versteht sich als kompetenzorientierter Ansatz (Miller, 2018; UNESCO, 2023). Dabei sind sowohl Imagination als auch Antizipation von Zukünften zentrale Elemente (Sippl et al., 2023).

Zukunftskompetenz regt die Vorstellungskraft an, wie der Initiator der *Futures Literacy* im Rahmen der UNESCO, Riel Miller, hervorhebt. Zukunftskompetente Menschen sind befähigt, wie er schreibt, sich in Zeiten des Umbruchs vorzubereiten, zu erholen und erfinderisch zu sein (UNESCO, 2023). Der Workshop »Wege zur Suffizienz« leistet einen Beitrag zur Zukunftskompetenz, weil er ähnlich wie die *Futures Literacy* stark auf Imaginationsfähigkeit setzt. Die Teilnehmenden werden ermutigt, suffiziente Zukünfte und Handlungsideen als Wege zu ihnen zu entwerfen. Sie sollen auf diese Weise in erster Linie lernen, sich eine Wirklichkeit vorzustellen, die ganz anders sein könnte als die heutige.

Die Initiative der UNESCO hat seit 2012 mehr als 115 partizipative *Futures Literacy* Labore in 44 Ländern durchgeführt. Bildungsziel ist dabei stets die *Förderung vielfältiger Zukünfte*: »Durch einen partizipativen Action-Learning-Prozess können die Menschen verschiedene Erzählungen über die Zukunft wahrnehmen und verstehen und durch einen kollektiven Wissensbildungsprozess verschiedene Wege des Wissens erkunden.«[3] (ebd., S. 2).

3 Übersetzung der Autor:innen

6 Einladung zum kreativen Gebrauch

Der Workshop wurde bis zur Drucklegung dieses Buches in verschiedenen Kontexten und für verschiedene Zielgruppen durchgeführt. Neben den öffentlichen Durchführungen mit gemischtem Publikum gab es dedizierte Anlässe mit Schüler:innen, Student:innen, Wissenschaftler:innen, Aktivist:innen, Festivalorganisator:innen und Künstler:innen sowie mit politisch engagierten Personen aus einer ehrenamtlichen Organisation.

Das Spektrum der Anlässe, das wir in diesem Kapitel präsentieren und anhand von Beispielen darstellen, zeigt, wie weit das Anwendungsfeld des Workshopformats ist. Aus der bisherigen Erfahrung wissen wir, dass sich das Format unter anderem für die Anwendung an Festivals, Tagungen oder in abgewandelter Form auch als Projektwoche an einer Schule eignet. Der Zukunftsworkshop hat sich auch als Teil eines Abendprogramms bewährt, zum Beispiel im Zusammenspiel mit einem Vortrag, wie wir es in unserer Veranstaltungsreihe »Zukunftsapéro« umgesetzt haben.

Nach dem folgenden Überblick über die bisher durchgeführten Workshops gehen wir auf Anwendungsbeispiele in verschiedenen Kontexten näher ein. Die Anpassungen, die wir in diesen Fällen vorgenommen haben, zeigen den Spielraum, den das Format für einen kreativen Gebrauch bietet.

6.1 Bisher durchgeführte Workshops

Im Projekt »Wege zur Suffizienz« verfolgten wir einen *Design Science Research* Ansatz, indem wir das zu schaffende Workshopformat mehrfach unter verschiedenen Bedingungen durchführten und in jedem dieser Designzyklen weiter verbesserten. Insgesamt haben wir den Workshop 15-mal durchgeführt und mit der Methode der teilnehmenden Beobachtung evaluiert.

Unser Workshopformat ist aber auch von Erfahrungen im Bereich partizipativer Zukunftsdiskurse beeinflusst. Zu diesen gehören Workshops nach dem Konzept der *Futures Literacy* (Miller, 2018), *Zukunftswerkstätten* nach Robert Jungk (Jungk & Müllert, 1991) und das *Imagination Game* »Thing from the Future« des Situation Lab (Candy, 2018).

Tab. 5: Die im Rahmen des Projekts »Wege zur Suffizienz« durchgeführten Workshops

Datum	Durchführungskontext	Durchführungsort	Beschreibung	Gastredner:in
13.09.2022	Test mit internen Teilnehmenden	Kulturpark, Zürich	**Testworkshop** Mit einem Input von Prof. Dr. Lorenz Hilty	
02.10.2022	Wissenschaftlich/zivilgesellschaftliche Konferenz	TU Berlin, Berlin	**Workshop als Teil der Konferenz Bits & Bäume** Mit einem Input von Prof. Dr. Lorenz Hilty	
29.11.2022	Öffentliche Veranstaltung	Kulturpark, Zürich	**1. Zukunftsapéro** Zukünfte gestalten: Haben wir eine Zukunft und wenn ja, wie viele?	Dr. Rafael Dernbach
31.01.2023	Öffentliche Veranstaltung	Kulturpark, Zürich	**2. Zukunftsapéro** Warum brauchen wir Visionen?	Anja Kollmuss
07.02.2023	Öffentliche Veranstaltung	ZKSD, Zürich	**3. Zukunftsapéro** Perspektivenwechsel: von Tieren, Menschen und Zukünften	Eliane Zihlmann
28.02.2023	Öffentliche Veranstaltung	Kulturpark, Zürich	**4. Zukunftsapéro** Biodiversität und Nachhaltigkeit	Dr. Cornelia Krug
30.03.2023	Projektwoche mit Schulklasse	ZKSD, Zürich	**Projektwoche** Einwöchige Projektwoche mit der 6. Klasse der Schule Riesbach	
18.04.2023	Öffentliche Veranstaltung	Kulturpark, Zürich	**5. Zukunftsapéro** Bildung für Nachhaltige Entwicklung	Prof. Dr. Gerhard de Haan
27.04.2023	Lehrveranstaltung für Studierende	Hochschschule Luzern, Design und Kunst, Emmenbrücke	**Workshop mit Studierenden der Hochschule Luzern – Design Film Kunst (HSLU)** Im Rahmen des Moduls »Objektgeschichte und Komplexität«	
23.05.2023	Öffentliche Veranstaltung	Kulturpark, Zürich	**Wachstum?!** Podiumsdiskussion mit Dr. Katja Gentinetta und Prof. Dr. Niko Paech, moderiert von Dr. Leonard Creutzburg (Veranstaltung ohne Workshop als Inspiration für die weiteren Workshops)	Dr. Katja Gentinetta Prof. Dr. Niko Paech
03.06.2023	Kunst-Festival »New Now«	Zeche Zollverein, Essen	**Workshop im Rahmen des New Now Festivals**	
19.09.2023	Öffentliche Veranstaltung	Kulturpark, Zürich	**6. Zukunftsapéro** Wachstum, Glück und Suffizienz	Prof. Dr. Mathias Binswanger
24.10.2023	Öffentliche Veranstaltung	Kulturpark, Zürich	**7. Zukunftsapéro** Suffizienz	
28.11.2023	Öffentliche Veranstaltung	Kulturpark, Zürich	**8. Zukunftsapéro** Suffizienz	Priorin Irene Gassmann, Kloster Fahr
27.01.2024	Workshop mit einer NGO	Pfadiheim, Bern	**Workshop mit dem Verein »Degrowth Schweiz«**	
17.02.2024	Öffentliche Veranstaltung	Kulturpark, Zürich	**9. Zukunftsapéro Suffizienz**	

6.2 Anwendung in Organisationen

Der Zukunftsworkshop »Wege zur Suffizienz« kann unter anderem als Plattform und Inspirationsquelle für interne Entwicklungen in Organisationen dienen. Wir haben den Workshop mit dem Verein »Degrowth Schweiz« erprobt, in dem sich ehrenamtlich engagierte Menschen für die Verbesserung des menschlichen Wohlergehens einsetzen, indem sie die Postwachstumsdebatte in der Schweiz vorantreiben. In den inhaltlichen Inputs haben wir versucht, die Themen Postwachstum und Suffizienz miteinander zu verknüpfen und das

Vorwissen der Teilnehmenden zu berücksichtigen. Grundsätzlich ist die inhaltliche Anpassung des Inputs an viele Rahmenthemen möglich.

Die Durchführung für eine Organisation hat den großen Vorteil, dass die Teilnehmenden nach dem Workshop durch eine gemeinsame Aufgabe verbunden bleiben. Der Workshop kann somit leichter über die drei Stunden hinaus Wirkung entfalten, indem zum Beispiel die im Workshop entstandenen Handlungsideen weiterverfolgt werden.

Foto: Dirk Rose

6.3 Anwendung in der Hochschule

Ein weiteres von uns erprobtes Anwendungsfeld ist die Hochschullehre. Im Rahmen der Lehrveranstaltung »Objektgeschichten und Komplexität« von Daniela Zimmermann und Wiktoria Furrer an der *Hochschule Luzern – Design Film Kunst* fand 2023 eine Durchführung mit Kunst-, Design-, Fotografie- und Grafik-Studierenden statt. Da sich die Arbeitsweisen angehender Künstler:innen und Designer:innen durch ihre Visualität, Performativität und Medialität auszeichnen, sind sie wichtige Multiplikator:innen für Vorstellungen von suffizienten Zukünften.

Im einwöchigen Blockseminar analysierten die Studierenden ausgehend von einer vertieften Objektstudie die Komplexität von Produktion, Wertschöpfung- und Zerstörung, Lebenszyklen und Obsoleszenz eines von ihnen ausgewählten Objekts. Das übergeordnete Ziel war es, die Studierenden ausgehend von Objekten der materiellen Welt in das Konzept der Nachhaltigkeit einzuführen. In diesem thematischen Zusammenhang haben wir den Zukunftsworkshop durchgeführt. Da die inhaltlichen Grundlagen bereits im Seminar eingeführt waren, konnten wir den Input überspringen. Ebenso haben wir auf die Kennenlernspiele verzichtet, was die Dauer des Workshops deutlich verkürzte. Somit widmeten wir uns hauptsächlich der Gruppenarbeit. Auch in dieser verkürzten Durchführungsvariante bewährte sich der Workshop, weil er thematisch in das Seminar eingebettet war und an das zuvor vermittelte Wissen über die Grenzen materiellen Wachstums anknüpfte. Wir sind überzeugt, dass die Einbettung in eine thematisch passende Lehrveranstaltung an Hochschulen auch in anderen Fällen gelingen kann.

6.4 Anwendung in der Schule

Das Workshopformat eignet sich auch für die Anwendung in der Schule. Wir haben dies in der Projektwoche »Flickenteppich der Zukünfte – teilen, reparieren, ausleihen« mit Schüler:innen der 6. Klasse der Schule Riesbach in Zürich erprobt.

Die Unterstützung durch die Klassenlehrerinnen Lesley Toal und Nadine Jankovic ermöglichte uns eine produktive Zusammenarbeit mit den Schüler:innen und garantierte den Anschluss an die zuvor im Unterricht behandelten Themen. Grundsätzlich soll das Workshopformat an das Vorwissen der Schüler:innen angepasst werden. In diesem Fall baute der Workshop auf den Lerninhalten im Unterrichtsfach »Natur, Mensch, Gesellschaft« auf. Die teilnehmenden Kinder waren 11–12 Jahre alt, was einige Vereinfachungen am Input erforderte. Daher empfehlen wir grundsätzlich die Durchführung mit Schüler:innen ab 15 Jahren. Mit Rücksicht auf das Vorwissen und das Alter der Kinder haben wir die Workshop-Phasen auf eine Woche verteilt und mit der Produktion einer Radiosendung kombiniert. Die partizipative Produktion der Radiosendung mit den Kindern hat alle Beteiligten auf ein gemeinsames Ziel hinarbeiten lassen und dadurch motiviert. In der Radiosendung berichten die Schüler:innen von ihren Zukunftsvisionen und Vorstellungen eines *Guten Lebens* auf einem endlichen Planeten und beschreiben Wege, die uns dorthin führen können. Die Kinder haben unter anderem Interviews mit Expert:innen durchgeführt, in Straßenumfragen Passant:innen befragt und Reportagen in einem Repair Café und im *Zurich Knowledge Center for Sustainable Development* aufgenommen. Die Gedanken und Beiträge der Kinder zum Themenzusammenhang Zukünfte, Ressourcenknappheit und Suffizienz sind gleichermassen erstaunlich, tiefgründig, klug, wie auch witzig. Die Radioproduktion wurde angeleitet und umgesetzt durch Dario Spilimbergo, Elie Sieber, Dharma Senn und Jasmin Studerus von Radio Sirup, dem Studierendenradio der Universität Zürich und der ETH. Die Sendung wurde im Sendungsfenster von Radio Sirup auf dem Community-Radio LoRa ausgestrahlt (Sirup, 2023).

Die Durchführung in der Schule zeigt, dass das Workshopformat an das Alter und Vorwissen der Zielgruppe angepasst, in den Unterricht integriert und um weitere Programmpunkte flexibel ergänzt werden kann.

Bildung für Nachhaltige Entwicklung ist mittlerweile vielfach in den offiziellen Lehrplänen in der Schweiz, Deutschland und Österreich verankert. Der Zukunftsworkshop »Wege zur Suffizienz« leistet durch die Vermittlung von Kompetenzen und inhaltlichem Fachwissen dazu einen Beitrag (siehe auch 5.2 »Bildung für Nachhaltige Entwicklung«).

Foto: Wiktoria Furrer

Literaturverzeichnis

Behringer, J. (2022). Effizienz für Nachhaltigkeit – notwendig, jedoch nicht hinreichend. *conexus*, 7–28. https://doi.org/10.24445/conexus.2022.05.003

Candy, S. (2018). Gaming Futures Literacy: The Thing From The Future. In R. Miller (Hrsg.), *Transforming the future. Anticipation in the 21st century* (S. 233–246).

Creutzburg, L. (2023). Von Wachstum über Suffizienz zu Postwachstum. *Denknetz.*

éducation21. (2016). *Bildung für Nachhaltige Entwicklung. Ein Verständnis von BNE und ein Beitrag zum Diskurs.* https://education21.ch/sites/default/files/uploads/pdf-d/bne/BNE-Verstaendnis_Langversion-mit-Quellen_2016.pdf

éducation21. (2018). *Erläuterte BNE-Prinzipien als Spider.* https://www.education21.ch/sites/default/files/uploads/pdf-d/bne/prinzipien/Prinzipien_erlaeutert_Spider_2018.pdf

Fachkonferenz Umweltbildung. (2014). *Positionspapier.* https://education21.ch/sites/default/files/uploads/pdf-d/bne/dossiers_zugaenge/2011_FUB-REE_Positionspapier-Umweltbildung.pdf

Fanning, A. L., O'Neill, D. W., Hickel, J., & Roux, N. (2021). The social shortfall and ecological overshoot of nations. *Nature Sustainability, 5*(1), 26–36. https://doi.org/10.1038/s41893-021-00799-z

Grin, J., Rotmans, J., & Schot, J. W. (2010). *Transitions to sustainable development: New directions in the study of long term transformative change.* Routledge. https://doi.org/10.4324/9780203856598

Haxeltine, A., Avelino, F., Pel, B., Dumitru, A., Kemp, R., Longhurst, N., Chilvers, J., & Wittmayer, J. M. (2016). *A framework for Transformative Social Innovation.* (5; TRANSIT Working Paper).

Hölscher, L. (2016). *Die Entdeckung der Zukunft.* Wallstein.

I. L. A. Kollektiv. (2022). *Die Welt auf den Kopf stellen: Strategien für radikale Transformation.* oekom.

Jungk, R., & Müllert, N. R. (1991). *Zukunftswerkstätten. Mit Phantasie gegen Routine und Resignation.* Heyne.

Kalt, T. (2022). Kämpfe für Klimagerechtigkeit. In D. Gottschlich (Hrsg.), *Handbuch Politische Ökologie* (S. 173–182). transcript.

Kosow, H., & Gaßner, R. (2008). *Methods of Future and Scenario Analysis. Overview, Assessment, and Selection Criteria.* Deutsches Institut für Entwicklungspolitik.

Kotsiou, A., Fajardo-Tovar, D. D., Cowhitt, T., Major, L., & Wegerif, R. (2022). A scoping review of Future Skills frameworks. *Irish Educational Studies, 41*(1), 171–186. https://doi.org/10.1080/03323315.2021.2022522

Lessenich, S. (2016). *Neben uns die Sintflut: Die Externalisierungsgesellschaft und ihr Preis.* Carl Hanser.

Linz, M. (2012). *Weder Mangel noch Übermaß.* oekom. https://doi.org/10.14512/9783865815262

Linz, M. (2013). *Zur Notwendigkeit von Suffizienz: Ohne sie reicht es nicht.* Wuppertal Institut. https://epub.wupperinst.org/frontdoor/deliver/index/docId/5153/file/5153_Linz.pdf

Linz, M., Bartelmus, P., Hennike, P., Jungkeit, R., Sachs, W., Scherhorn, G., Wilke, G., & Von Winterfeld, U. (2002). *Von nichts zu viel. Suffizienz gehört zur Zukunftsfähigkeit. Über ein Arbeitsvorhaben des Wuppertal Instituts* (125; Wuppertal papers). Wuppertal Institut. https://epub.wupperinst.org/frontdoor/deliver/index/docId/1512/file/WP125.pdf

Meadows, D. H., Meadows, D. L., Randers, J., & Behrens III, W. W. (1972). *Die Grenzen des Wachstums: Bericht des Club of Rome zur Lage der Menschheit.* Deutscher Bücherbund.

Menschen für Solidarität, Ökologie und Lebensstil. (2020). *Gutes Leben für alle! Genug haben* (80; Sustainable Austria). SOL. https://nachhaltig.at/gutes-leben-fuer-alle-genug-haben/

Miller, R. (2018). Futures Literacy Laboratories (FLL) in practice: An overview of key design and implementation issues. In R. Miller (Hrsg.), *Transforming the future: Anticipation in the 21st century* (S. 95–109). Routledge.

NASA. (2007). *Blue Marble—Image of the Earth from Apollo 17* [Foto]. https://www.nasa.gov/image-article/blue-marble-image-of-earth-from-apollo-17/

Neckel, S., Besedovsky, N., Boddenbert, M., Hasenfratz, M., Pritz, S. M., & Wiegand, T. (2018). *Die Gesellschaft der Nachhaltigkeit: Umrisse eines Forschungsprogramms.* transcript.

O'Neill, D. W., Fanning, A. L., Lamb, W. F., & Steinberger, J. K. (2018). A good life for all within planetary boundaries. *Nature Sustainability, 1*(2), 88–95. https://doi.org/10.1038/s41893-018-0021-4

Oxfam International. (2023). *Climate Equality: A planet for the 99 %.* Oxfam International. https://doi.org/10.21201/2023.000001

Raworth, K. (2017). *Doughnut Economics: Seven Ways to Think Like a 21st-Century Economist.* Random House Business.

Richardson, K., Steffen, W., Lucht, W., Bendtsen, J., Cornell, S. E., Donges, J. F., Drüke, M., Fetzer, I., Bala, G., von Bloh, W., Feulner, G., Fiedler, S., Gerten, D., Gleeson, T., Hofmann, M., Huiskamp, W., Kummu, M., Mohan, C., Nogués-Bravo, D., … Rockström, J. (2023). Earth beyond six of nine planetary boundaries. *Science Advances, 9*(37). https://doi.org/10.1126/sciadv.adh2458

Santarius, T., Bieser, J. C. T., Frick, V., Höjer, M., Gossen, M., Hilty, L. M., Kern, E., Pohl, J., Rohde, F., & Lange, S. (2023). Digital sufficiency: Conceptual considerations for ICTs on a finite planet. *Annals of Telecommunications, 78*(5), 277–295. https://doi.org/10.1007/s12243-022-00914-x

Schild, K., Leng, M., Mascha, J., & Hammer, T. (2020). *Auf der Suche nach dem rechten Mass: Nachhaltige Entwicklung auf der Sekundarstufe II.* hep.

Schneidewind, U. (2018). *Die Große Transformation: Eine Einführung in die Kunst gesellschaftlichen Wandels.* S. Fischer.

Seitz, W. (2020). *Auf die Wartebank geschoben: Der Kampf um die politische Gleichstellung der Frauen in der Schweiz seit 1900.* Chronos.

Shamiyeh, M. (2023). Letting the Future guide our Thoughts and Actions. Futures Literacy and Leadership Development. In C. Sippl, G. Brandhofer, & E. Rauscher (Hrsg.), *Futures Literacy. Zukunft lernen und lehren* (S. 21–31). Studienverlag.

Sippl, C., Brandhofer, G., & Rauscher, E. (Hrsg.). (2023). *Futures Literacy. Zukunft lernen und lehren.* Studienverlag. https://doi.org/10.53349/oa.2022.a2.170

Sirup. (2023). *Flickenteppich der Zukünfte—14.04.2023—6. Klasse Pavillon Riesbach.* Mixcloud. https://www.mixcloud.com/sirup_fm/flickenteppich-der-zukünfte-14042023-6-klasse-pavillon-riesbach/?play=fb

Spengler, L. (2016). Two types of 'enough': Sufficiency as minimum and maximum. *Environmental Politics, 25*(5), 921–940. https://doi.org/10.1080/09644016.2016.1164355

Steffen, W., Broadgate, W., Deutsch, L., Gaffney, O., & Ludwig, C. (2015). The trajectory of the Anthropocene: The Great Acceleration. *The Anthropocene Review, 2*(1), 81–98. https://doi.org/10.1177/2053019614564785

Stengel, O. (2011). *Suffizienz: Die Konsumgesellschaft in der ökologischen Krise.* oekom. https://doi.org/10.14512/9783865813855

Studer, B., & Wyttenbach, J. (2021). *Frauenstimmrecht: Historische und rechtliche Entwicklungen 1848–1971.* Hier und Jetzt.

UNESCO. (2023). *Futures Literacy & Foresight: Using futures to Prepare, Plan, and Innovate.* UNESCO.

University of Leeds. (2024). *Country Trends.* A Good Life For All Within Planetary Boundaries. https://goodlife.leeds.ac.uk/national-trends/country-trends/

Von Winterfeld, U. (2007). Keine Nachhaltigkeit ohne Suffizienz: Fünf Thesen und Folgerungen. *vorgänge, 46*(3), 46–54.

WBGU (Hrsg.). (2011). *Welt im Wandel: Gesellschaftsvertrag für eine Große Transformation.* Wissenschaftlicher Beirat der Bundesregierung Globale Umweltveränderungen.

Weltkommission für Umwelt und Entwicklung. (1987). *Unsere gemeinsame Zukunft.* Eggenkamp.

Welzer, H. (2011). *Mentale Infrastrukturen: Wie das Wachstum in die Welt und in die Seelen kam.* Heinrich-Böll-Stiftung.

Widdicks, K., Lucivero, F., Samuel, G., Croxatto, L. S., Smith, M. T., Holter, C. T., Berners-Lee, M., Blair, G. S., Jirotka, M., Knowles, B., Sorrell, S., Rivera, M. B., Cook, C., Coroamă, V. C., Foxon, T. J., Hardy, J., Hilty, L. M., Hinterholzer, S., & Penzenstadler, B. (2023). Systems thinking and efficiency under emissions constraints: Addressing rebound effects in digital innovation and policy. *Patterns, 4*(2), 100679. https://doi.org/10.1016/j.patter.2023.100679

Wiedmann, T., Lenzen, M., Keyßer, L. T., & Steinberger, J. K. (2020). Scientists' warning on affluence. *Nature Communications, 11*(1), 1–10. https://doi.org/10.1038/s41467-020-16941-y

Wright, E. O. (2017). *Reale Utopien: Wege aus dem Kapitalismus.* Suhrkamp.

Wuppertal Institut. (2023). *Suffizienzpolitik als Booster zum Erreichen der Klimaschutzziele* (27; Zukunftsimpuls, Bd. 27). Wuppertal Institut für Klima, Umwelt, Energie. https://doi.org/10.48506/opus-8475

Autor:innen

Foto: Frank Brüderli

Jeannette Behringer, Dr. rer. pol., forscht und lehrt zu Demokratie und Nachhaltigkeit. Mit Lorenz Hilty leitete sie das Projekt »Wege zur Suffizienz« am Zurich Knowledge Center for Sustainable Development, koordiniert das Programm Suffizienz und ist Mitglied der Abteilung Nachhaltigkeit der Universität Zürich.

Foto: Frank Brüderli

Leonard Creutzburg, Dr. sc. nat., forscht an der Universität Zürich, vor allem zu Postwachstum und Suffizienz. Er hat Politikwissenschaft und Ökologische Ökonomik studiert. Nach einer Tätigkeit im österreichischen Parlament erfolgte die Promotion an der Universität Zürich und ETH Zürich in Wirtschaftsgeografie.

Foto: Dirk Letsch

Giulia Fontana ist Wissenschaftliche Mitarbeiterin an der Universität Zürich und am Zurich Knowledge Center for Sustainable Development. Sie hat Umweltnaturwissenschaften an der ETH Zürich studiert. Ihre Forschungsschwerpunkte sind Suffizienz und sozial-ökologische Transformation.

Foto: Désirée Good

Wiktoria Furrer ist Professorin für Kulturvermittlung und Theaterpädagogik an der Pädagogischen Hochschule FHNW. Als Kultur- und Politikwissenschaftlerin arbeitet sie zu partizipativen Formaten der Kunst, Bildung für Zukünfte und »Bildung und Künste für Nachhaltige Entwicklung«.

Foto: Frank Brüderli

Lorenz Hilty ist Professor für Informatik und Nachhaltigkeit an der Universität Zürich und Direktor des Zurich Knowledge Center for Sustainable Development (ZKSD). Das Projekt »Wege zur Suffizienz«, aus dem das vorliegende Buch hervorgegangen ist, wurde unter seiner Leitung am ZKSD durchgeführt.

Foto: Flurin Bertschinger

René Inderbitzin ist Wissenschaftlicher Mitarbeiter an der Universität Zürich und am Zurich Knowledge Center for Sustainable Development. Er studierte Umweltingenieurwesen und Nachhaltigkeitswissenschaften. Seine Forschungsschwerpunkte sind Suffizienz und Bildung für Nachhaltige Entwicklung.

Foto: Flurin Bertschinger

Johannes Probst ist Wissenschaftlicher Mitarbeiter an der Universität Zürich und am Zurich Knowledge Center for Sustainable Development. Er studierte Transformationsstudien an der Europa Universität Flensburg. Seine Forschungsschwerpunkte sind Suffizienz und sozial-ökologische Transformation.

Anhang

Begleitmaterialien zum Buch

Die Arbeitsmaterialien für den Workshop können auf der Website des Buches bei oekom unter www.oekom.de/suffizienz-download heruntergeladen werden.

Ablaufplan für Workshopleitende

Phase	Sequenz	Zeit	Dauer	Die Workshopleitung …
Kennenlernen und Einführung	Start	00.00–00.05	5′	• begrüsst die TN. • stellt sich vor. • stellt die WS-Ziele und den WS-Ablauf vor.
	Kennenlernen »Roter Faden«	00.05–00.15	10′	• erklärt die Kennenlernaktivität »Roter Faden«, bei der es darum geht, die TN kennenzulernen, indem sie kurz mitteilen, was ihr »Roter Faden« im Leben ist.
Wachstum infrage stellen	Input zum Thema Suffizienz	00.15–00.25	10′	• führt in das Thema Suffizienz ein: erklärt, was Suffizienz bedeutet und weshalb sie als Nachhaltigkeitsstrategie unentbehrlich ist.
	Denkmuster bewusst machen: Teppich ausschütteln	00.25–00.35	10′	• leitet die Aktivität schrittweise an. • fordert die TN auf sich zu überlegen, welche Denkmuster existieren, die mit Wachstum verbunden sind. Diese sollen die TN in Einzelarbeit auf Karten aufschreiben. • fordert die TN auf, die notierten Denkmuster vorzulesen und die Karten auf den Teppich zu werfen. • ermutigt die TN, den Teppich zu ergreifen und gemeinsam die Karten abzuschütteln.
Soziale Imagination	Einzelarbeit »Kompass des Guten Lebens«	00.35–00.45	10′	• erklärt die Aktivität, in der sich die TN Werte notieren, an denen sie sich auf dem »Weg zur Suffizienz« orientieren wollen. • stellt zwei Hilfestellungen zur Bearbeitung dieser Aufgabe vor: 1. »Werte-Schnipsel«, die zur Inspiration ausgelegt sind 2. die Frage: »Was soll wachsen, was nicht?«
	Gruppenbildung um Gesellschaftsbereiche	00.45–00.50	5′	• legt die Blätter mit den Titeln der Gesellschaftsbereiche auf dem Teppich aus. • führt in die Aktivität ein, in der es darum geht, Gruppen zu Gesellschaftsbereichen zu bilden. • unterstützt bei der Bildung von Gruppen mit 2 bis 4 Personen.
	Gruppenarbeit »Wege zur Suffizienz« Teil 1	00.50–01.20	30′	• führt in die Gruppenarbeit ein, in der sich die Gruppen Gedanken zur Ist-Situation ihres selbst gewählten Gesellschaftsbereichs machen und eine Vision für das Jahr 2050 entwickeln. • erklärt, wie der Raum gestaltet ist und wo welche Stationen und AB zu finden sind. • steht während der Gruppenarbeit für Fragen und Unterstützung zur Seite.
	Pause	*01.20–01.35*	*15′*	
soziale Imagination	Input zu den Transformationsstrategien	01.35–01.45	10′	• führt in das Thema Transformationsstrategien ein.
	Gruppenarbeit »Wege zur Suffizienz« Teil 2	01.45–02.15	30′	• führt in den zweiten Teil der Gruppenarbeit ein, in dem die Gruppen mögliche Hindernisse auf dem »Weg zur Suffizienz« identifizieren und Handlungsideen für Suffizienz entwickeln. • lässt die Gruppen ungestört arbeiten, steht aber bei Bedarf für Fragen und Unterstützung zur Verfügung.
	Gemeinsam den Weg abschreiten	02.15–02.25	10′	• fordert die TN auf, den »Weg zur Suffizienz« im eigenen Tempo abzulaufen und die Gedanken der anderen Gruppen aufzunehmen. • fragt die TN im Plenum, ob ihnen Gemeinsamkeiten zwischen den Gruppen aufgefallen sind, was ihnen sonst aufgefallen ist oder ob sie weitere Gedanken im Plenum teilen wollen.
4. Ins Handeln kommen	Einzelarbeit »Ins Handeln kommen«	02.25–02.35	10′	• fordert die TN auf, das AB »Ins Handeln kommen« auszufüllen, wobei die TN konkrete Handlungsschritte entwickeln sollen. • stellt die 3 Hilfsfragen vor. 1. Was ist mir wichtig? Welche Idee (oder welches bestehende Projekt) möchte ich aktiv umsetzen? 2. Was kann ich gut und was macht mir Freude? 3. Was sind die konkreten nächsten Schritte, mit denen ich beginnen werde?
	Ins Handeln kommen: Diskussion und Reflexion	02.35–02.50	15′	• fordert die TN auf, im Plenum die geplanten Handlungsschritte zu teilen und bekannt zu geben, wo sie Unterstützung benötigen. • moderiert die Diskussion. • versucht Synergien zwischen den Vorhaben zu entdecken und mögliche Kooperationen vorzuschlagen.
	Abschluss	02.50–03.00	10′	• moderiert die Diskussion. • nimmt das Feedback der TN entgegen. • beantwortet die Fragen der TN.

TN=Teilnehmenden, WS=Workshop, AB=Arbeitsblatt

	Die Teilnehmenden …	Sozialform	Materialien
	• hören zu und stellen Fragen bei Unklarheiten.	Plenum	Folien 1 bis 3
	• teilen einen »Roten Faden« in ihrem Leben mit, in dem sie das rote Seil ergreifen, wenn sie Anknüpfungspunkte zu den Äußerungen der zuvor sprechenden Person erkennen. • werden durch das rote Seil miteinander verbunden, sodass ein Netz entsteht.	Plenum	Folie 4, rotes Seil
	• hören zu und stellen Fragen bei Unklarheiten.	Plenum	Folien 6 bis 20
	• werden sich der Denkmuster, die mit Wachstum verbunden sind, bewusst und schreiben diese in Einzelarbeit auf Karten. • lesen die Denkmuster laut vor (wer möchte) und werfen die Karten auf den Teppich. • schütteln gemeinsam den Teppich aus, wobei dieser Akt symbolisch für das Sich-Lösen von den Denkmustern steht.	Einzelarbeit und Plenum	Folien 21 bis 23, Teppich, Moderationskarten, Stifte breit
	• überlegen sich, an welchen Werten sie sich auf dem »Weg zur Suffizienz« orientieren wollen und notieren diese auf dem AB »Kompass des Guten Lebens«. • holen sich, wenn nötig, Inspiration bei den ausgelegten »Werte-Schnipseln«.	Einzelarbeit	Folie 24, AB »Kompass des Guten Lebens/Ins Handeln kommen«, Werte-Schnipsel, Stifte fein
	• überlegen sich, mit welchem Gesellschaftsbereich sie arbeiten wollen und stellen sich zum entsprechenden Titelblatt. • beschriften bei Bedarf leere A4-Blätter mit weiteren Gesellschaftsbereichen, mit denen sie arbeiten wollen.	Plenum	Folie 25, Gesellschaftsbereiche auf A4-Blätter, leere A4-Blätter
	• finden sich zur Gruppe zusammen und lernen sich kennen, in dem sie einander ihren »Kompass des Guten Lebens« kurz vorstellen. • tauschen sich in der Gruppe zur »Vision 2050« und »Ist-Situation« aus und füllen die AB aus. • pinnen/hängen die AB an der korrekten Stelle an/auf.	Gruppenarbeit	Folie 26, AB »Kompass des Guten Lebens/Ins Handeln kommen«, »Ist-Situation«, »Vision 2050«, Stifte breit, Klebestreifen/Pins Optional: 2 Stellwände
	• hören zu und stellen Fragen bei Unklarheiten.	Plenum	Folien 28 bis 33
	• identifizieren Hindernisse auf dem »Weg zur Suffizienz« und kleben diese als Haftnotizen auf das symbolische Hindernis (falls nicht vorhanden, einfach auf dem »Weg« anbringen) • entwickeln Ideen für mögliche Handlungen für Suffizienz, ordnen diese gemäß den Transformationsstrategien richtig ein, indem sie sie entsprechend auf dem Teppich positionieren.	Gruppenarbeit	Folie 34, Teppich, Haft-Notizzettel, Stifte breit, optional: Hindernis, rotes Seil
	• laufen den »Weg zur Suffizienz« ab und lernen die Resultate der anderen Gruppen kennen. • reflektieren und diskutieren gemeinsam im Plenum die gesichteten Resultate.	Einzelarbeit & Plenum	Folie 35
	• entwickeln konkrete Handlungsschritte und verschriftlichen diese auf dem AB »Ins Handeln kommen«.	Einzelarbeit	Folie 36, AB »Kompass des Guten Lebens/Ins Handeln kommen«, Stifte fein
	• teilen im Plenum ihre nächsten Handlungsschritte für Suffizienz.	Plenum	Folie 37, AB »Kompass des Guten Lebens/Ins Handeln kommen«
	• reflektieren den Workshop gemeinsam. • stellen Fragen. • Geben der Workshopleitung Feedback zum Workshop.	Plenum	Folie 39

Präsentation

Zukunftsworkshop

Wege zur Suffizienz

Ziele des Workshops

Wir entwickeln und diskutieren Wege zu suffizienten Zukünften entlang der Fragen:

1. Was bedeutet ein »Gutes Leben« für alle?
2. Wie wollen wir in Zukunft suffizient leben?
3. Welche Hindernisse gilt es zu überwinden?
4. Wie sieht ein Weg in eine suffiziente Zukunft aus? Welche Handlungsoptionen gibt es hierfür?

Ablauf des Workshops

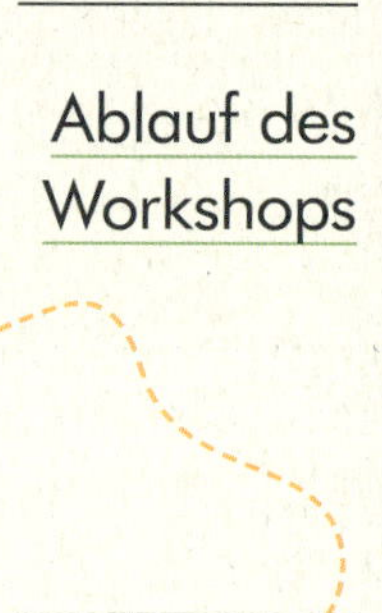

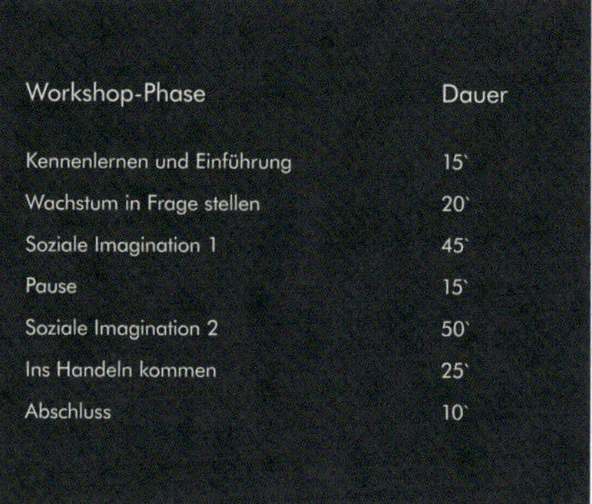

Workshop-Phase	Dauer
Kennenlernen und Einführung	15'
Wachstum in Frage stellen	20'
Soziale Imagination 1	45'
Pause	15'
Soziale Imagination 2	50'
Ins Handeln kommen	25'
Abschluss	10'

Im Plenum: Kennenlernen

»Roter Faden«

Im Plenum: Kennenlernen

»Soziometrische Aufstellung«

Input

Warum Suffizienz?

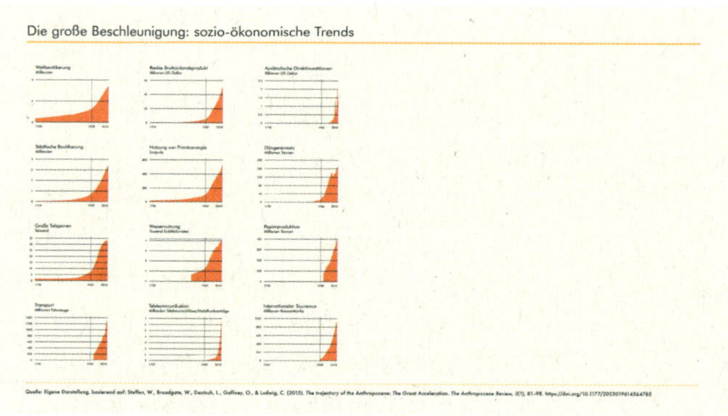

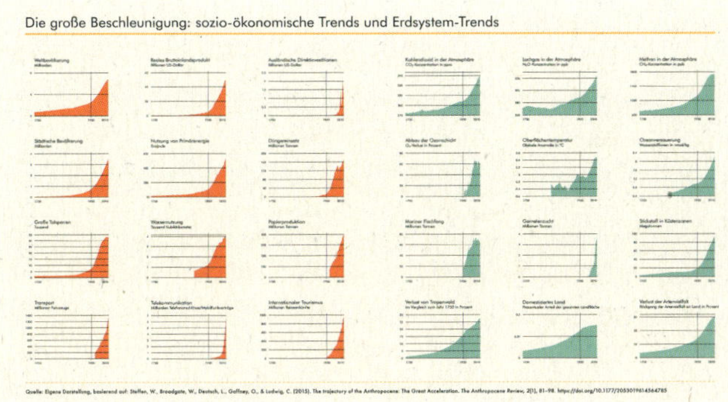
Die große Beschleunigung: sozio-ökonomische Trends und Erdsystem-Trends

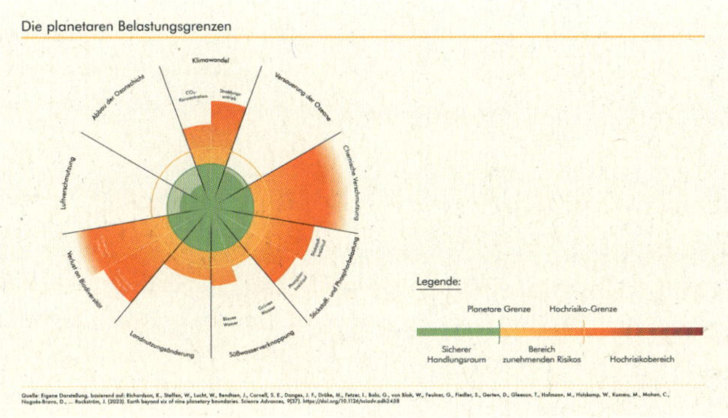
Die planetaren Belastungsgrenzen
Klimawandel
Versauerung der Ozeane
Abbau der Ozonschicht
Luftverschmutzung
Verlust von Biodiversität
Landnutzungsänderung
Süßwasserverknappung
Stickstoff- und Phosphorbelastung
Legende:
Planetare Grenze
Hochrisiko-Grenze
Sicherer Handlungsraum
Bereich zunehmenden Risikos
Hochrisikobereich

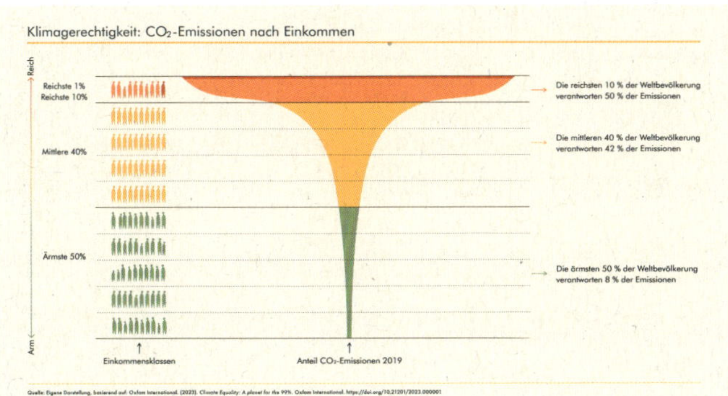
Klimagerechtigkeit: CO_2-Emissionen nach Einkommen
Reich
Reichste 1%
Reichste 10%
Mittlere 40%
Ärmste 50%
Arm
Die reichsten 10 % der Weltbevölkerung verantworten 50 % der Emissionen
Die mittleren 40 % der Weltbevölkerung verantworten 42 % der Emissionen
Die ärmsten 50 % der Weltbevölkerung verantworten 8 % der Emissionen
Einkommensklassen
Anteil CO_2-Emissionen 2019

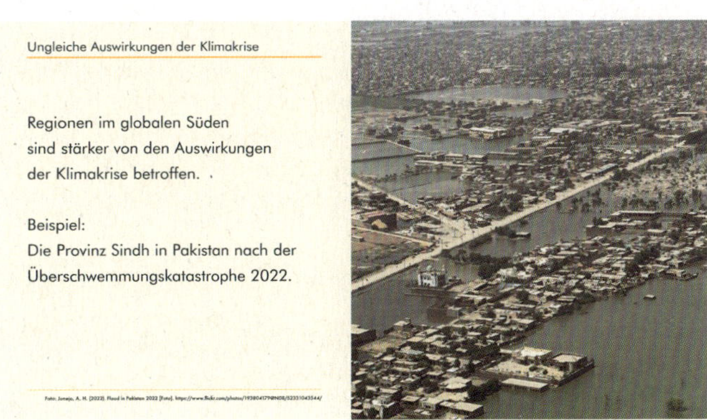
Ungleiche Auswirkungen der Klimakrise
Regionen im globalen Süden sind stärker von den Auswirkungen der Klimakrise betroffen.
Beispiel:
Die Provinz Sindh in Pakistan nach der Überschwemmungskatastrophe 2022.

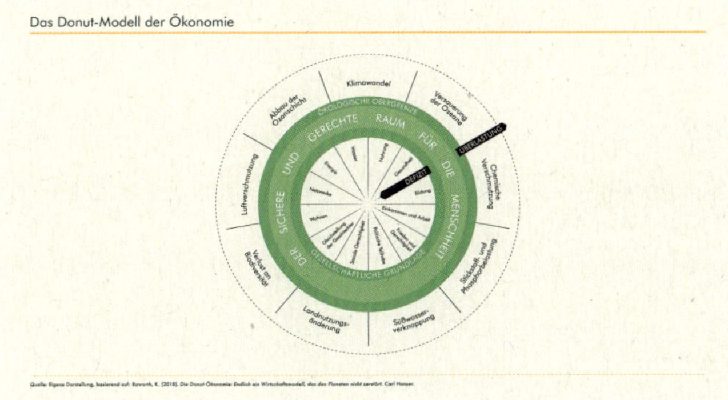
Das Donut-Modell der Ökonomie
Klimawandel
Versauerung der Ozeane
Abbau der Ozonschicht
Luftverschmutzung
Verlust von Biodiversität
Landnutzungsänderung
Süßwasserverknappung
Stickstoff- und Phosphorbelastung
Chemische Verschmutzung
ÜBERLASTUNG
DER SICHERE UND GERECHTE RAUM FÜR DIE MENSCHHEIT

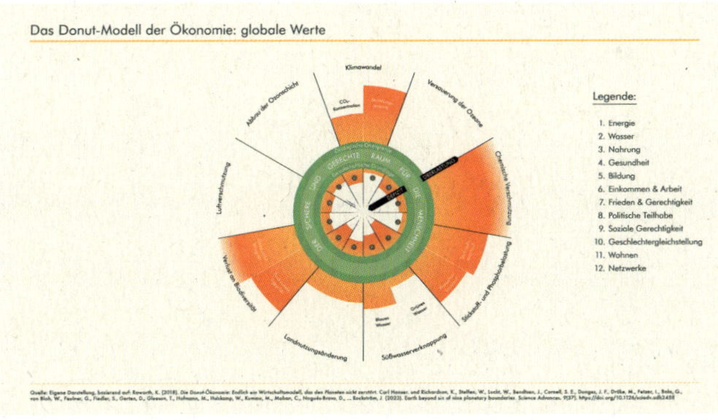
Das Donut-Modell der Ökonomie: globale Werte
Klimawandel
Versauerung der Ozeane
Abbau der Ozonschicht
Luftverschmutzung
Verlust von Biodiversität
Landnutzungsänderung
Süßwasserverknappung
Stickstoff- und Phosphorbelastung
Chemische Verschmutzung
Legende:
1. Energie
2. Wasser
3. Nahrung
4. Gesundheit
5. Bildung
6. Einkommen & Arbeit
7. Frieden & Gerechtigkeit
8. Politische Teilhabe
9. Soziale Gerechtigkeit
10. Geschlechtergleichstellung
11. Wohnen
12. Netzwerke

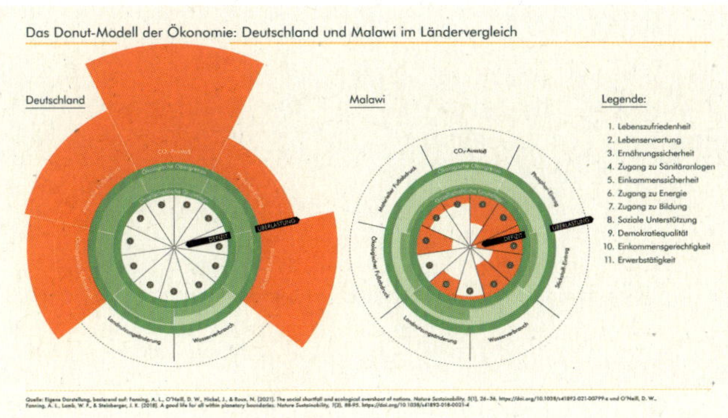
Das Donut-Modell der Ökonomie: Deutschland und Malawi im Ländervergleich
Deutschland
Malawi
Legende:
1. Lebenszufriedenheit
2. Lebenserwartung
3. Ernährungssicherheit
4. Zugang zu Sanitäranlagen
5. Einkommenssicherheit
6. Zugang zu Energie
7. Zugang zu Bildung
8. Soziale Unterstützung
9. Demokratiequalität
10. Einkommensgerechtigkeit
11. Erwerbstätigkeit

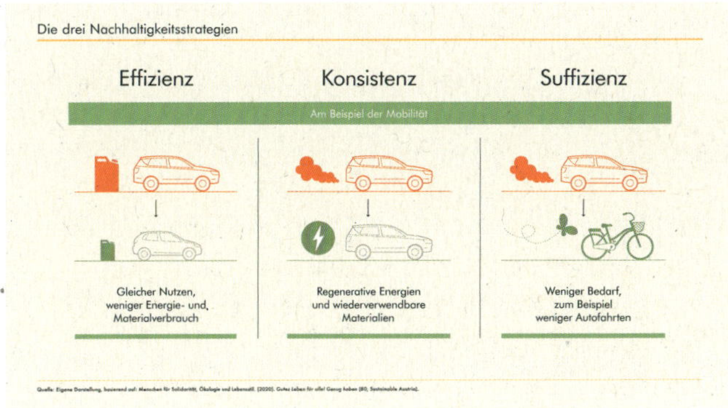
Die drei Nachhaltigkeitsstrategien
Effizienz
Konsistenz
Suffizienz
Am Beispiel der Mobilität
Gleicher Nutzen, weniger Energie- und Materialverbrauch
Regenerative Energien und wiederverwendbare Materialien
Weniger Bedarf, zum Beispiel weniger Autofahrten

Effizienz und Konsistenz reichen nicht aus

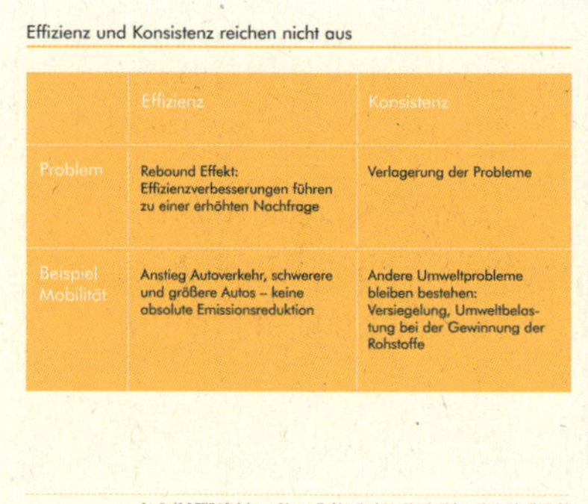

	Effizienz	Konsistenz
Problem	Rebound Effekt: Effizienzverbesserungen führen zu einer erhöhten Nachfrage	Verlagerung der Probleme
Beispiel Mobilität	Anstieg Autoverkehr, schwerere und größere Autos – keine absolute Emissionsreduktion	Andere Umweltprobleme bleiben bestehen: Versiegelung, Umweltbelastung bei der Gewinnung der Rohstoffe

Foto: Kaushik, P. (2019). Luftaufnahmen von Fahrzeugen [Foto]. https://unsplash.com/photos/aerial-photography-of-vehicles-y8bOcUz4TVY

Effizienz und Konsistenz reichen nicht aus

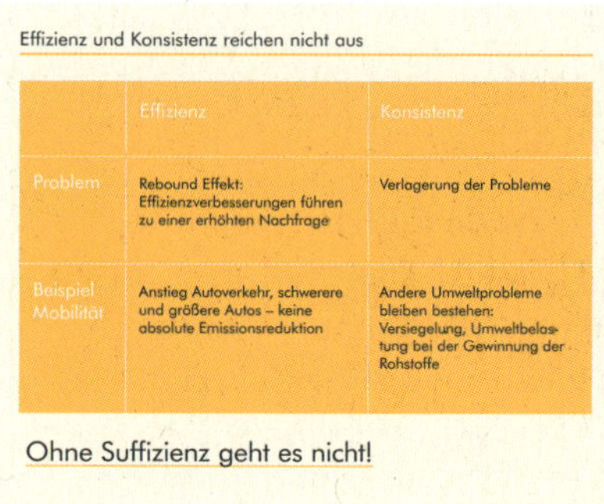

	Effizienz	Konsistenz
Problem	Rebound Effekt: Effizienzverbesserungen führen zu einer erhöhten Nachfrage	Verlagerung der Probleme
Beispiel Mobilität	Anstieg Autoverkehr, schwerere und größere Autos – keine absolute Emissionsreduktion	Andere Umweltprobleme bleiben bestehen: Versiegelung, Umweltbelastung bei der Gewinnung der Rohstoffe

Ohne Suffizienz geht es nicht!

Foto: Kaushik, P. (2019). Luftaufnahmen von Fahrzeugen [Foto]. https://unsplash.com/photos/aerial-photography-of-vehicles-y8bOcUz4TVY

Die Suffizienzstrategie

Suffizienz als Strategie für Nachhaltige Entwicklung umfasst:

- Schritte, Maßnahmen und Instrumente, die den Bedarf an Rohstoffen und Energie insgesamt verringern,
- indem sie soziale Praktiken so verändern,
- dass eine schonende Lebens- und Wirtschaftsweise resultiert.

Linz, M. (2012). *Weder Mangel noch Übermaß*. oekom. https://doi.org/10.14512/9783865815262, S. 75 und Stengel, O. (2011). *Suffizienz: Die Konsumgesellschaft in der ökologischen Krise*. oekom. https://doi.org/10.14512/9783865813855

Suffizienz als Herausforderung

- Suffizienz ist an das vorherrschende ökonomische Denken nicht anschlussfähig: »Genug« bedeutet »Stagnation« und ist negativ bewertet.
- Unternehmen können im Wettbewerb meist nur bestehen, wenn sie ihre Produktion stetig steigern.
- Auch Individuen sehen sich einem Wettbewerb ausgesetzt, der sie zu immer mehr Konsum drängt.

Brauchen wir in Zukunft also ein »Recht auf Suffizienz«?
Uta von Winterfeld formuliert dieses Recht so: »Niemand soll immer mehr haben wollen müssen.«

Von Winterfeld, U. (2007). *Keine Nachhaltigkeit ohne Suffizienz: Fünf Thesen und Folgerungen*. vorgänge, 46(3), 46–54., S. 53

Im Plenum: Wachstum in Frage stellen

Denkmuster bewusst machen

Welche mit Wachstum verbundenen Denkmuster beobachtest du im Alltag an dir oder an anderen?

1. Schreibe dazu ein paar Stichworte auf Karten.

Im Plenum: Denkmuster bewusst machen

Denkmuster bewusst machen

Welche mit Wachstum verbundenen Denkmuster beobachtest du im Alltag an dir oder an anderen?

1. Schreibe dazu ein paar Stichworte auf Karten.
2. Lest die Karten laut vor und werft sie auf den Teppich.

Im Plenum: Denkmuster bewusst machen

Denkmuster bewusst machen

Welche mit Wachstum verbundenen Denkmuster beobachtest du im Alltag an dir oder an anderen?

1. Schreibt dazu ein paar Stichworte auf Karten.
2. Lest die Karten laut vor und werft sie auf den Teppich.
3. Schüttelt gemeinsam den Teppich aus.

Foto: Dirk Roos

Einzelarbeit: Kompass des Guten Lebens

Kompass des Guten Lebens

An welchen Werten orientieren wir uns auf dem Weg in die suffizienten Zukünfte?

Hilfestellung:
Werte-Schnipsel und die Frage:
»Was soll wachsen, was nicht?«

Frauen demonstrieren am 1. Mai für ihre Rechte; Zürich 1948

Beispiel Frauenstimmrecht in der Schweiz

Die Einführung des Frauenstimmrechts in der Schweiz 1971 ist ein Beispiel für das Zusammenwirken der drei Transformationsstrategien.

Foto: unbekannt. (1948). 1. Mai-Umzug: Marsch mit Banner "Frauenstimmrecht: Wir kämpfen weiter!", Zürich, 1948 (F 5047-Fb-103) [Foto]. Schweizerisches Sozialarchiv. https://www.bild-video-ton.ch/bestand/objekt/Sozarch_F_5047-Fb-103

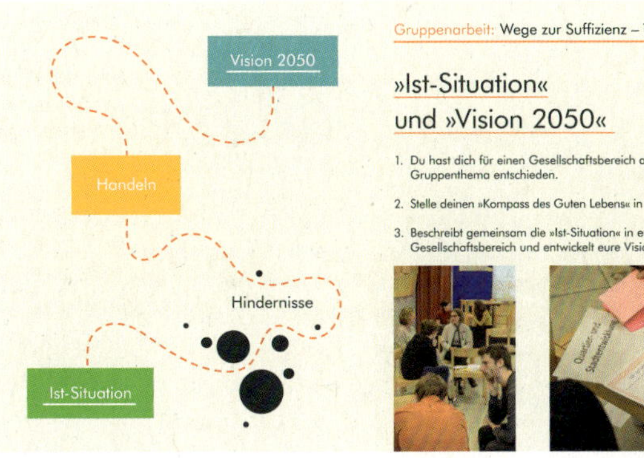

Gruppenarbeit: Wege zur Suffizienz – Teil 1

»Ist-Situation« und »Vision 2050«

1. Du hast dich für einen Gesellschaftsbereich als Gruppenthema entschieden.
2. Stelle deinen »Kompass des Guten Lebens« in der Gruppe vor.
3. Beschreibt gemeinsam die »Ist-Situation« in eurem Gesellschaftsbereich und entwickelt eure Vision für das Jahr 2050.

Im Plenum: Wege zur Suffizienz

Wir schreiten den Weg gemeinsam ab.

Einzelarbeit: Ins Handeln kommen

Ins Handeln kommen

1. Nimm das Arbeitsblatt »Ins Handeln kommen« (Kompass-Rückseite).
2. Beantworte die drei Fragen:
   - Was ist mir wichtig? Welche Idee (oder welches bestehende Projekt) möchte ich aktiv angehen?
   - Was kann ich gut und was macht mir Freude?
   - Was sind die konkreten nächsten Schritte, mit denen ich beginnen werde?

Im Plenum: Ins Handeln kommen

Diskussion und Reflexion

Tauscht euch über eure Ideen aus und findet Verbündete.

- Teilt eure Ideen und nächsten Schritte mit den anderen.
- Lasst euch von anderen aus der Gruppe inspirieren.
- Wie könnt ihr euch gegenseitig unterstützen?

Zusammen sind wir stärker und haben mehr Spaß!

EINZELARBEIT: Postkarte

Eine Postkarte schreiben

Schreibe dir selbst eine Postkarte und erkundige dich, wie es mit der Umsetzung deiner Handlungsidee steht.

Diese Postkarte wird dir in 2 Monaten zugestellt.

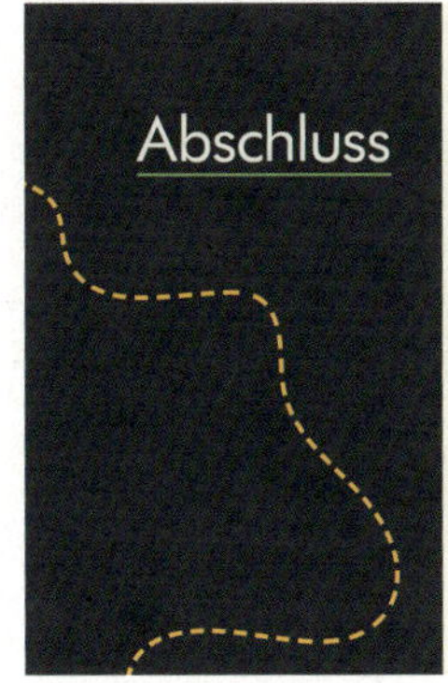

Abschluss

- Was nehme ich mit nach Hause?
- Was hat mir an diesem Workshop gefallen?
- Was würde ich verbessern?
- Was ist offen geblieben?

Impressum

n|w

Dieser Workshop wurde im Forschungsprojekt »Wege zur Suffizienz« der Universität Zürich in Zusammenarbeit mit der Pädagogischen Hochschule FHNW am Zurich Knowledge Center for Sustainable Development (ZKSD) mit finanzieller Unterstützung durch die Hamasil-Stiftung entwickelt.

Die Präsentation ist Teil der Arbeitsmaterialien, die 2024 mit dem Buch Zukunftsworkshop »Wege zur Suffizienz«: Grundlagen und praktische Anleitung im Oekom-Verlag erschienen sind.

Das Projektteam »Wege zur Suffizienz«:

Jeannette Behringer
Leonard Creutzburg
Giulia Fontana
Wiktoria Furrer
Lorenz Hilty
René Inderbitzin
Johannes Probst

Grafiken und Design: Jan Eichenberger, www.janeichenberger.com
Fotos: Flurin Bertschinger, wenn nicht anders angebeben www.flurinbertschinger.com

Arbeitsblatt »Kompass des Guten Lebens/Ins Handeln kommen«

Arbeitsblatt »Ist-Situation«

IST-SITUATION

Was dominiert die Ist-Situation
im Gesellschaftsbereich: ______________________________ ?

Arbeitsblatt »IST-SITUATION« | Arbeitsmaterial zum Buch:
Wege zur Suffizienz: Grundlagen und Anleitung für die Durchführung von Zukunftsworkshops | Oekom Verlag 2024

ZKSD oekom

Arbeitsblatt »Vision 2050«

VISION 2050

Was ist eure Vision für
den Gesellschaftsbereich ______________________ für das Jahr 2050?

Arbeitsblatt »VISION 2050« | Arbeitsmaterial zum Buch:
Wege zur Suffizienz: Grundlagen und Anleitung für die Durchführung von Zukunftsworkshops | Oekom Verlag 2024

ZKSD oekom

VISION 2050

VISION 2050

VISION 2050

Workshopmaterial »Titelblätter der Gesellschaftsbereiche«

WOHNEN

MOBILITÄT

ERNÄHRUNG

KONSUM

ARBEIT

GESUNDHEIT

BILDUNG

INFORMATION UND KOMMUNIKATION

QUARTIER- UND STADTENTWICKLUNG

DEMOKRATIE

SORGEARBEIT

FREIZEIT

Workshopmaterial »Werte-Schnipsel«

DEMOKRATISCHE GRUNDRECHTE

DISZIPLIN

EHRLICHKEIT

EMPATHIE

FLEXIBILITÄT

FRIEDEN

FÜRSORGE

GEDULD

GELASSENHEIT

GERECHTIGKEIT

GLEICHHEIT

GESUNDHEIT DER MENSCHEN

GESUNDHEIT DER UMWELT

GROSSZÜGIGKEIT

Arbeitsblatt »Werte-Schnipsel« | Arbeitsmaterial zum Buch:
Wege zur Suffizienz: Grundlagen und Anleitung für die Durchführung von Zukunftsworkshops | Oekom Verlag 2024 ZKSD oekom

HARMONIE

HILFSBEREITSCHAFT

KEINE DISKRIMINIERUNG

KOMPROMISSBEREITSCHAFT

KONFLIKTFÄHIGKEIT

KONSTRUKTIVITÄT

KREATIVITÄT

KRITIKFÄHIGKEIT

LERNBEREITSCHAFT

LIEBE

LOYALITÄT

MITGEFÜHL

MUT

NEUGIER

Arbeitsblatt »Werte-Schnipsel« | Arbeitsmaterial zum Buch:
Wege zur Suffizienz: Grundlagen und Anleitung für die Durchführung von Zukunftsworkshops | Oekom Verlag 2024 ZKSD oekom

NICHT SCHADEN

RATIONALITÄT

RECHTSSTAATLICHKEIT

RECHT AUF SELBSTBESTIMMUNG

RESPEKT VOR DEM LEBEN

SACHVERSTAND

SICHERHEIT

SOLIDARITÄT

TEILHABE

TOLERANZ

TRANSPARENZ

UNVOREINGENOMMENHEIT

VERANTWORTUNG

VERTRAUEN

Arbeitsblatt »Werte-Schnipsel« | Arbeitsmaterial zum Buch:
Wege zur Suffizienz: Grundlagen und Anleitung für die Durchführung von Zukunftsworkshops | Oekom Verlag 2024 ZKSD oekom

VIELFALT

WOHLWOLLEN

Arbeitsblatt »Werte-Schnipsel« | Arbeitsmaterial zum Buch:
Wege zur Suffizienz: Grundlagen und Anleitung für die Durchführung von Zukunftsworkshops | Oekom Verlag 2024 ZKSD oekom

Workshopmaterial »Überschriften Stationen«

IST-SITUATION

Was dominiert die Ist-Situation in eurem Gesellschaftsbereich?

Arbeitsblatt »Überschrift Workshop-Station« | Arbeitsmaterial zum Buch: Wege zur Suffizienz: Grundlagen und Anleitung für die Durchführung von Zukunftsworkshops | Oekom Verlag 2024 ZKSD oekom

HINDERNISSE

Welche Hindernisse gibt es auf dem Weg zur Vision in eurem Gesellschaftsbereich?

Arbeitsblatt »Überschrift Workshop-Station« | Arbeitsmaterial zum Buch: Wege zur Suffizienz: Grundlagen und Anleitung für die Durchführung von Zukunftsworkshops | Oekom Verlag 2024 ZKSD oekom

VISION 2050

Was ist eure Vision für euren Gesellschaftsbereich für das Jahr 2050?

Arbeitsblatt »Überschrift Workshop-Station« | Arbeitsmaterial zum Buch: Wege zur Suffizienz: Grundlagen und Anleitung für die Durchführung von Zukunftsworkshops | Oekom Verlag 2024 ZKSD oekom

HANDELN

Welche Handlungsideen habt ihr, um von der Ist-Situation zu eurer Vision 2050 zu gelangen? Ordnet die Ideen den Transformationsstrategien zu.

Arbeitsblatt »Überschrift Workshop-Station« | Arbeitsmaterial zum Buch: Wege zur Suffizienz: Grundlagen und Anleitung für die Durchführung von Zukunftsworkshops | Oekom Verlag 2024 ZKSD oekom

SYMBIOSE

Bestehende Instrumente nutzen

Arbeitsblatt »Überschrift Workshop-Station« | Arbeitsmaterial zum Buch: Wege zur Suffizienz: Grundlagen und Anleitung für die Durchführung von Zukunftsworkshops | Oekom Verlag 2024 ZKSD oekom

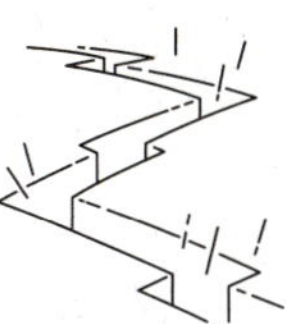

BRUCH

Widerstand gegen Ungerechtigkeit

Arbeitsblatt »Überschrift Workshop-Station« | Arbeitsmaterial zum Buch: Wege zur Suffizienz: Grundlagen und Anleitung für die Durchführung von Zukunftsworkshops | Oekom Verlag 2024 ZKSD oekom

FREIRAUM

Alternativen in Nischen aufbauen

Arbeitsblatt »Überschrift Workshop-Station« | Arbeitsmaterial zum Buch: Wege zur Suffizienz: Grundlagen und Anleitung für die Durchführung von Zukunftsworkshops | Oekom Verlag 2024 ZKSD oekom

Alternative Variante zur Gruppenarbeit: Arbeitsblatt »Suffizienz-Roadmap«

Dieses Arbeitsblatt im Format DIN A3 oder DIN A0 wird für die Alternative Variante der Gruppenarbeit »Wege zur Suffizienz« verwendet (siehe auch Box unter »Alternative Variante zur Gruppenarbeit ›Wege zur Suffizienz‹:« »›Suffizienz-Roadmap‹ auf Papier«). In der Standardvariante des Workshops wird dieses Arbeitsblatt nicht verwendet.

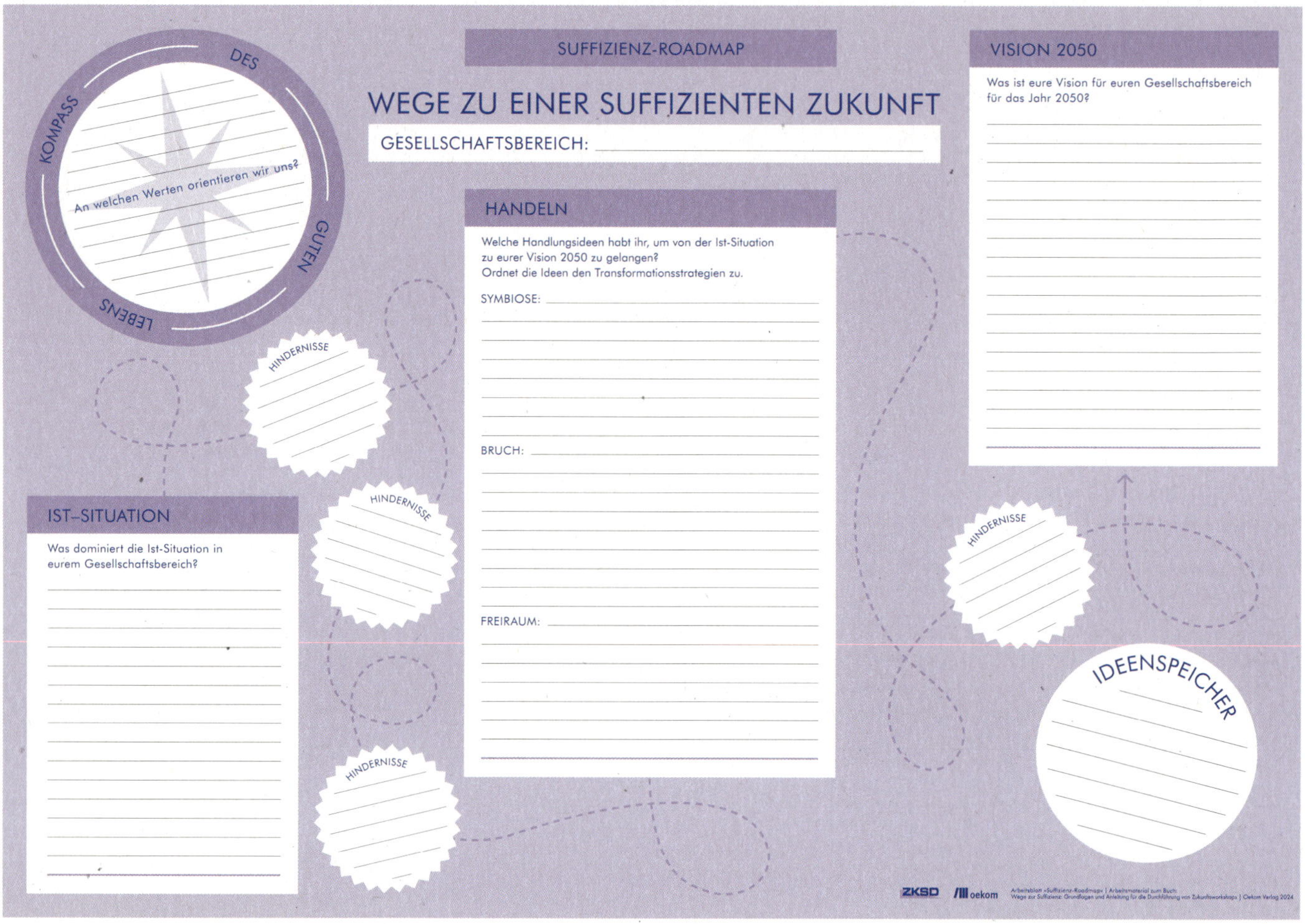

KOMPASS DES GUTEN LEBENS

An welchen Werten orientieren wir uns?

SUFFIZIENZ-ROADMAP

WEGE ZU EINER SUFFIZIENTEN ZUKUNFT

GESELLSCHAFTSBEREICH:

VISION 2050

Was ist eure Vision für euren Gesellschaftsbereich für das Jahr 2050?

HANDELN

Welche Handlungsideen habt ihr, um von der Ist-Situation zu eurer Vision 2050 zu gelangen?
Ordnet die Ideen den Transformationsstrategien zu.

SYMBIOSE:

BRUCH:

FREIRAUM:

HINDERNISSE

HINDERNISSE

HINDERNISSE

HINDERNISSE

IST-SITUATION

Was dominiert die Ist-Situation in eurem Gesellschaftsbereich?

IDEENSPEICHER

ZKSD oekom Arbeitsblatt »Suffizienz-Roadmap« | Arbeitsmaterial zum Buch: Wege zur Suffizienz: Grundlagen und Anleitung für die Durchführung von Zukunftsworkshops | Oekom Verlag 2024

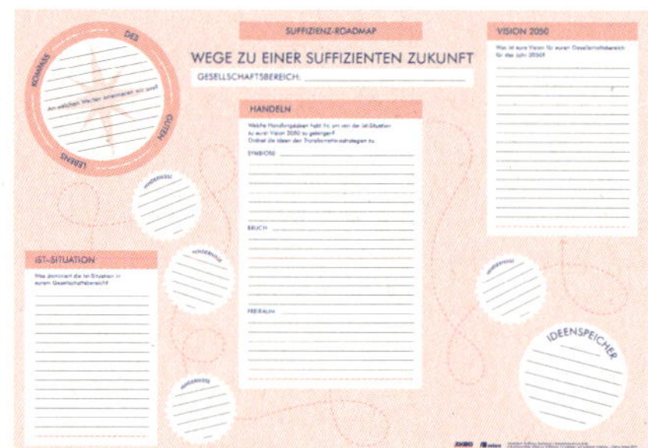

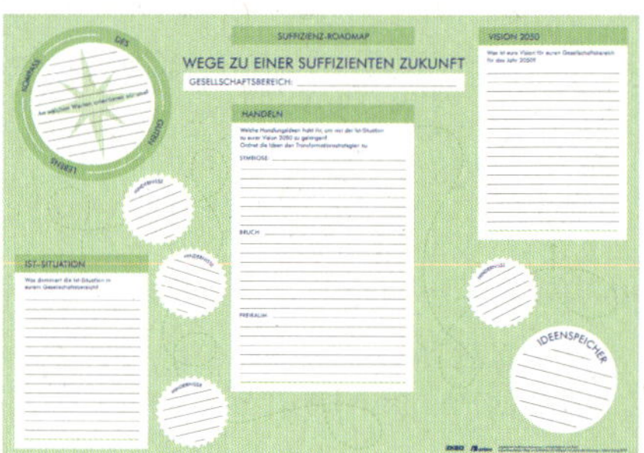